왜
연개소문은
영류왕을
배반했을까?

09
역사공화국
한국사법정

교과서 속 역사 이야기, 법정에 서다

왜 영류왕 vs 연개소문

연개소문은 영류왕을 배반했을까?

글 함규진 | 그림 이경택

(주)자음과모음

여러분! 고구려라는 나라를 잘 아시죠? '고구려' 하면 어떤 느낌이 드시나요?

네, 그렇죠! 강한 나라, 넓은 영토를 차지했던 나라, 중국과 맞서서 조금도 물러서지 않았던 나라…….

많은 친구들이 '신라가 아니라 고구려가 삼국을 통일했더라면……' 하고 아쉬움을 가지고 있다고 해요.

그럼 그 고구려를 이끌어 간 위대한 사람들도 있었겠죠? 누가 있을까요?

동서남북으로 적을 무찌르며 한국 역사상 가장 넓은 땅을 정복한 광개토 대왕.

수나라의 100만 대군을 물리친 을지문덕.

바보였으나 평강 공주의 도움으로 영웅이 된 비운의 명장 온달.

명재상으로 이름 높은 을파소.

여러 영웅과 위인들이 있었군요! 그런데 혹시 연개소문이라는 사람에 대해서도 알고 있나요?

음…… 이 사람에 대해서는 뭐라고 한마디로 말하기가 어려워요. 을지문덕처럼 당나라에 맞서 고구려를 지키고, 고구려의 용맹함을 중국에까지 널리 떨친 고구려 최후의 영웅이라고도 하고, 반대로 연개소문 때문에 고구려가 멸망하고 말았다고도 하니까요!

과연 누구의 말이 옳은 걸까요? 우리, 이 책 속에 펼쳐지는 법정에서 한번 가려보기로 해요!

자, 준비는 다 되었죠?

그러면 한국사법정으로, 함께 가요!

함규진

차례

재판 첫째 날 연개소문은 왜 정변을 일으켰을까?

의자왕이 이끄는 백제가 멸망하자, 신라와 당은 고구려에 대한 공격을 시작했다. 계속된 전쟁으로 국력이 약해진 데다가, 대막리지인 연개소문이 죽자 지도층 내에서 권력 다툼이 일어난 고구려는 결국 멸망하게 된다.

중학교	역사	II. 통일 신라와 발해 　1. 신라의 삼국 통일 　　(2) 신라가 통일을 이룩하다

삼국이 국왕 중심의 중앙 집권 체제를 확립하고 나라의 모습을 완성해 나가고 있었다. 이렇게 국왕 중심의 지배 이념을 확립한 것을 토대로 활발한 영토 확장 전쟁을 벌이게 되었다.

| 고등학교 | 한국사 | I. 우리 역사의 형성과 고대 국가
  3. 삼국, 교류와 경쟁 속에서 발전하다
    (2) 삼국 간의 상호 항쟁이 본격화되다 |
| | | I. 우리 역사의 형성과 고대 국가
  3. 삼국, 교류와 경쟁 속에서 발전하다
    (3) 삼국 간의 항쟁, 최후의 승자는 신라 |

신라와 당나라 사이에 연합군이 결성되고, 이 연합군은 백제를 멸망시켰다. 이후 고구려까지 공격하여 연개소문이 사망한 뒤 지도층이 분열되어 갈팡질팡하던 고구려를 멸망시켰다.

631년 고구려, 천리장성 쌓기 시작

632년 신라, 선덕 여왕 즉위

641년 백제, 의자왕 즉위

642년 연개소문, 영류왕을 죽이고
보장왕을 세움

645년 고구려, 안시성 싸움

646년 연개소문, 당나라에 사신을 보내지만
당태종이 화해를 거부

648년 나당 동맹 결성

654년 고구려, 말갈과 손잡고 거란 공격

660년 의자왕, 나당 연합군에 항복

661년 고구려, 신라를 공격해서 크게 패함

666년 연개소문 사망, 남생이 대막리지가 됨

668년 고구려 멸망

632년	마호메트 사망
634년	이슬람, 아라비아 전역을 통일
638년	이슬람, 예루살렘 정복
645년	일본, 다이카 개신
646년	현장, 『대당서역기』 지음
649년	당나라, 고종 즉위
651년	사산조 페르시아 멸망
655년	측천무후, 황후에 오름
657년	서돌궐 멸망
661년	이슬람, 우마이야 왕조 성립
664년	측천무후, 정권 장악

원고 **영류왕**(?~642년, 재위 : 618년~642년)

나는 고구려의 27대 왕으로서 나라를 지키기 위해 최선을 다했다오. 그런데 천하의 몹쓸 인간 연개소문에게 억울하게 죽임을 당하고 말았지요.

원고 측 변호사 **김딴지**

나, 김딴지 변호사는 역사에 관한 해박한 지식을 가지고 있으며, 잘못된 역사를 바로잡는 데 혼신의 힘을 쏟고 있답니다.

원고 측 증인 **김부식**

나로 말할 것 같으면 고려 시대의 학자로, 우리나라에서 가장 오래된 역사책인 『삼국사기』를 썼죠. 나에 대해서 모르는 사람은 없겠죠?

원고 측 증인 **당태종**

당나라 2대 황제로 이름은 이세민이라고 하오. 중국의 역대 황제 중 최고의 성군으로 불리었지요.

원고 측 증인 **김춘추**

신라 29대 왕인 태종 무열왕이 바로 나올시다. 나는 김유신 장군과 함께 백제를 멸망시켰고 왕권도 강화했습니다. 왕이 되기 전에는 외교의 천재로 알려졌죠.

원고 측 증인 **후세인**

나는 1969년에 이라크 혁명을 성공시켰고 1979년에 이라크 대통령이 되었소. 그런데 미 제국주의자들의 침략을 받고 투쟁을 벌이다가 그만 덫에 걸려 사형 선고를 받고 생을 마치고 말았지요.

피고 연개소문 (? ~ 666년 또는 665년)

내 이름을 한 번쯤 안 들어 본 분은 없을 겁니다. 거듭된 당나라의 침략을 물리치고 고구려를 구한 영웅이지요. 일부 사람들은 나더러 왕을 배신한 역적이라고 하지만, 모두 나라를 위해서였어요.

피고 측 변호사 이대로

역사공화국에서 명변호사로 널리 알려진 이대로입니다. 역사적 진실은 쉽게 변하는 것이 아니라고 생각하지요. 여러분, 기존의 역사적 평가에는 다 이유가 있다니까요!

피고 측 증인 신채호

일제 강점기 때 대한민국의 독립을 위해 애쓰던 독립운동가였소. 연개소문은 역사에 다시 없을 영웅이지요.

고구려 제19대 왕으로, 아마 한국인치고 나를 모르는 사람은 없을 것이오. 내가 고구려를 다스리던 때만 해도 감히 누구도 고구려를 넘보지 못했소이다.

나는 고구려 보장왕 때 안시성의 성주였습니다. 연개소문이 정변을 일으켰을 때 끝까지 싸워 성주의 자리를 지켰고, 당태종이 침공하였을 때도 당나라 군대를 물리쳤지요.

올리버 크롬웰이라고 합니다. 16세기 영국에서 태어난 정치가이자 군인이지요. 청교도 혁명이라고도 불리는 영국 내전에서 왕당파를 물리치고 공화국을 세웠어요.

"나, 영류왕은 연개소문을
법정에 세워야겠소"

여기는 역사공화국에서도 우리의 김딴지 변호사가 일하는 변호사 사무실! 요즘 들어 일거리가 슬슬 들어온다고도 하던데, 사무실 곳곳은 여전히 먼지투성이이고 휴지 쪼가리도 널린 것이 영 볼품없다. 아니, 그런데 이게 웬일? 김딴지 변호사가 비 맞은 중처럼 뭔가 투덜거리며, 빗자루와 쓰레받기를 들고 청소하고 있는 게 아닌가?

"내가 누구냐? 그 이름도 유명한 김딴지 변호사라 이 말씀이야. 살아 있을 때 위인입네, 영웅입네 대접을 받던 사람도 이 변호사님 사무실에 들어오면 그냥 한 명의 고객일 뿐이라고!

그런데 아까 염라대왕 비서실에서 일하는 도깨비 아가씨가 몰래 귀띔해 주기를, 이따가 아주 신분이 높은 손님이 올 거라나! 아니, 대체 누가 오기에?

아무튼 나도 그렇지, 죽으면 모두 평등한 귀신인데, 높은 신분이었다는 말에 웬지 기가 죽어서 일 년 내내 안 하던 사무실 청소를 하고 있으니 말이야! 쳇!

아이고, 죽겠다. 무슨 저승에 먼지가 이렇게 많담. 아니, 저승이라 더 많은 건가? 저기 이승에서는 요즘 기술이 발달해서 청소기라는 걸 쓴다던데…… 여기 저승에서는 대체 언제까지 손발을 직접 놀려서 청소든 뭐든 해야 하지? 하긴, 이곳에서는 살아 있는 사람들처럼 공부야 숙제야 일이야 야근이야 하며 바쁘게 뛸 일도 없고, 남는 게 시간이기도 하니까. 에취! 젠장, 그래도 이 먼지는 너무하잖아?

그럭저럭 청소는 다 끝났네. 에고, 허리야. 참, 그런데 손님한테 내올 차라도 있어야 할 텐데…… 아무것도 없군. 과자도 없고. 헤헷, 나야 여기 사무실에 하루 종일 죽치고 앉아서 영웅입네 위인입네 하는 사람들에게 딴지만 걸어도 흥이 절로 난다고. 그러니까 간식 따위는 없어도 된단 말씀!"

김딴지 변호사가 빗자루를 괜히 휙휙 휘두르며 혼잣말을 중얼거리는 동안, 금관을 쓰고 비단옷을 입은 사람이 사무실에 들어섰다.

"이 위대하신 변호사께서 직접 나가서 간식거릴 구해 와야 해? 이럴 때는 비서가 있으면 참 좋은데 말이야. 가만있자, 그 염라대왕 비서실 도깨비 아가씨, 친절하고 명랑해 보이던데, 한번 스카우트해 볼까?"

"어흠, 어흠!"

"아이고, 깜짝이야! 누, 누구요, 당신은?"

"당신과 마찬가지로, 죽은 영혼이라오. 하지만 이래 봬도 살아 있을 때는 왕이었소이다."

"왕이라고요? 으음, 금관을 쓰신 걸 보니 고려나 조선의 왕은 아니시겠고…… 신라 임금이셨나요?"

"무슨 그런 약해 빠진 나라 이름을 들먹이시오? 중국인과 손잡고 민족을 팔아먹은 것들!"

"그럼 백제요?"

"내 얼굴을 똑똑히 보시오. 초원을 내달리던 북방인의 기개가 느껴지지 않소? 난 고구려 왕이었소!"

"고……고구려라고요? 세상에, 저는 팬이라고요! 광개토 대왕님, 맞으시죠?"

"……아니오. 그분의 후손이지."

"그럼 장수왕 되시나요?"

"……아니오. 좀 더 밑에……."

고구려 왕이라는 손님의 목소리는 점점 작아지고, 김딴지 변호사는 고개를 갸우뚱한다.

"저는 고구려 왕으로는 그 두 분밖에 모르거든요. 실례지만 누구신지?"

"에잇! 변호사라는 분이 그렇게 무식해서 어떡하오? 나는 고구려 제27대 왕, 영류왕이오!"

"영류왕…… 영류왕? 생각이 날 듯 말 듯한데……."

"나도 사실 당신 얼굴을 어디서 본 듯 만 듯해서 아까부터 기분이

묘했소. 가만있자, 혹시 김반대라는 분 모르시오?"

"아니, 김반대라면 저희 아버지 되시는데 어떻게 그분을 아시죠?"

"역시 그렇군! 한 80년 전에 당신 아버지와 함께 법정에 섰었소! 다만 당신 아버지는 내 편이 아니라 상대편 변호사였지!"

"아…… 그렇다면 혹시 저희 아버지께서 변호하신 분이?"

"그렇소, 연개소문! 자기 임금을 해치고 나라도 망친 인간! 과거의 역사는 그렇게 연개소문을 평가했고, 오랫동안 그 판결은 바뀌지 않았소. 그런데 약 80년 전에 연개소문 그자가 소송을 건 거요, 역사 재판이 잘못되었다고……. 그래서 당신 아버지가 변호를 맡아 판결이 뒤집혀서 연개소문은 영웅이 되고 나 영류왕은 겁쟁이, 좀생이로 불리게 된 거요! 내가 하도 억울해서 기어코 판결을 다시 한 번 뒤집으려 수십 년 동안 준비한 끝에 오늘 여기 찾아온 거요! 그런데 당신이 바로 그때 그 적의 아들이라니!"

"그랬군요. 연개소문의 재판이라면 아버지께서 늘 자랑스럽게 말씀하셔서 이미 알고 있었습니다. 그러면서도 한편으로는 영 석연찮은 점이 있었는데, 마침 잘됐군요. 저 김딴지, 잘못된 역사를 바로잡는 일이라면 물불을 가리지 않습니다! 아버지께서 혹시 실수하셨다면 아들인 제가 나서야지요! 자, 사건을 정식으로 맡겠습니다!"

고구려와 당나라

　　고구려를 노려 계속 침입해 오던 수나라는 오랜 전쟁으로 국력이 쇠약해지더니 결국 618년에 멸망하고 맙니다. 하지만 고구려에게 가해지는 위협이 끝난 것은 아니었습니다. 수나라의 뒤를 이어 당나라 역시 고구려의 영토를 욕심내었기 때문입니다.

　　이렇게 당나라가 세력을 키우고 있을 때 당시 고구려의 영류왕과 여러 온건파 귀족들은 당나라와의 전쟁을 피해야 한다고 주장했습니다. 왜냐하면 수나라와의 오랜 전쟁으로 고구려도 국력이 많이 쇠약해졌기 때문이지요.

　　그러나 연개소문을 중심으로 하는 다른 귀족들은 당나라에 맞서 싸워야 한다고 주장했습니다. 특히 연개소문은 막강한 군사력을 바탕으로 세력을 키워 가고 있던 중이라 영류왕은 크게 위협을 느낄 수밖에 없었습니다. 그래서 영류왕은 연개소문을 천리장성 공사의 책임자로 정해 멀리 내쫓으려 하였지요. 천리장성은 고구려가 당나라의 침입을 막기 위해 오늘날의 요동 지방인 고구려 서쪽 지역에 쌓은 긴 성을 말합니다.

　　하지만 연개소문은 영류왕의 결정에 찬성할 수 없었지요. 그래서 거짓 잔치를 벌여 잔치에 참석한 귀족들을 베고 궁궐로 가서 영류왕의 목숨까지 빼앗습니다. 그러고는 죽은 영류왕을 대신하여 영류왕의 조카를 왕위에 세웁니다. 이렇게 보장왕을 세운 연개소문은 스스로 고구려 최고 관직인 대막리지 자리에 오릅니다. 왕도 두렵지 않은 무소불위의 권력을 차지하게 된 것이지요.

일이 이렇게 되자 당나라에서는 고구려를 차지할 야심을 노골적으로 드러내며 '임금을 살해하고 정변을 일으킨 연개소문을 직접 벌할 목적'으로 고구려로 침공해 옵니다. 이는 고구려를 침공할 기회만을 노리고 있던 당나라에 좋은 핑곗거리를 준 것이지요.

원고 | 영류왕	대리인 | 김딴지 변호사
피고 | 연개소문	대리인 | 이대로 변호사

청구 내용

신하 된 도리가 무엇입니까? 왕에게 충성하는 것입니다. 그런데 연개소문은 신하 된 자로서 왕에게 반역을 했습니다. 그냥 반역이 아니고 잔인하게 칼로 난도질해 왕을 죽였습니다. 그런데 세상은 연개소문을 영웅이라고 합니다.

고구려가 어떤 나라였습니까? 반만년 한민족사에서 가장 자랑스러운 나라, 강대한 중국과 북방 민족이 모두 두려워하던 나라였습니다. 그런데 연개소문은 무리한 독재 정치로 고구려의 기둥에 금이 가게 했습니다. 그리고 못된 아들들에게 권력을 물려줌으로써 결국 얼마 못가 고구려를 망하게 만들었습니다. 그런데 세상은 연개소문이 애국자라고 합니다.

본래 그에 대한 역사적 평가가 이렇지는 않았습니다. 그러나 모든 것을 뒤집어서 생각하기를 좋아하는 몇몇 사람들이 연개소문을 영웅으로 만들어 놓았지요. 거기다 새로운 영웅을 꿈꾸는 대중이 합세해, 그만 잔혹한 악당을 위대한 영웅으로 꾸며 놓았습니다. 이렇게 되다 보니 그동안 영웅의 마을에서 편안히 지내던 나도 하루아침에 패자의 마을에서 괴롭게 지내는 신세가 되었습니다.

이미 죽은 몸, 내가 저승에서 어떻게 지내는지는 그리 중요하지 않습니다. 그러나 역사의 평가는 공명정대해야 마땅하지요. 그러므로 잘못 뒤집힌 재판이 이번 기회에 제자리를 잡기를 바라며, 여기 소장을 올립니다.

입증 자료

- 중학교 역사 교과서
- 고등학교 한국사 교과서
　그 외 자료 추후 제출하겠음.

위 청구인 영류왕

역사공화국 한국사법정 귀중

연개소문은 왜
정변을 일으켰을까?

1. 연개소문은 어떤 사람이었을까?
2. 영류왕은 왜 연개소문을 실망시켰을까?

1

연개소문은
어떤 사람이었을까?

"흠. 역사에 대해서 잘 모르긴 하지만, 이번 재판은 왠지 피고가 보기 좋게 질 것 같아."

"아니, 왜 그렇게 생각하지?"

"피고 이름부터가 이상하잖아. '영~ 개소문'이 뭐야? 얼마나 소문이 안 좋게 났으면 이름도 그랬겠느냐고."

"아이고, 내가 너 때문에 미쳐! 피고 이름은 연개소문이야, 연개소문! 어쩌다 피고가 되셨는지 모르지만, 난 이분, 존경한다고! 고구려의 웅대한 기상을 떨치신 분이거든."

"그래? 그럼 연개소문이라는 사람, 성이 연개씨야, 연씨야? 존경까지 한다니 넌 잘 알겠네."

"응……? 그러니까…… 그건 말이지……."

"하하, 연씨가 맞답니다!"

"엥, 느닷없이 끼어드는 당신은? 차림새를 보니 조선 시대 분인 것 같은데……."

"하하, 저는 흥부랍니다. 성이 연씨이지요. 개소문 장군님은 우리 조상님이시기 때문에 잘 알고 있지요. 에헴."

"에라, 이 무식한 동생 흥부야! 형인 이 놀부를 본받아 알려면 제대로 알거라! 연개소문의 연은 못 연(淵) 자란 말이다. 우리가 쓰는 제비 연(燕) 자와는 다르다고!"

연개소문 님은 성이 '연'으로 우리 조상님이란 말이지~

아이고~ 무식한 아우야, 우리는 제비 '연'이고 연개소문 님은 못 '연'이란다.

아버지, 나 밥풀 좀…

대막리지

고구려 말기의 최고 관직으로 행정권과 군사권을 모두 장악한 관직입니다. 이 관직은 연개소문이 집권한 후 새로 생겼답니다.

'여느 때처럼 방청석이 시끄럽군. 오늘은 원고나 피고의 친지라도 왔나? 하지만 저 사람들 조선 시대 사람들 같은데……. 거 참, 얼굴은 형제처럼 비슷하게 생긴 사람들이 저렇게 고래고래 소리를 지르며 싸우다니…….'

자리에 앉으며 잠시 생각에 잠겨 있던 판사는 곧바로 김딴지 변호사에게 사건의 개요를 질문했다.

판사   원고 측 변호인, 오늘의 사건을 간단히 들려주세요.

김딴지 변호사   네, 판사님. 고구려의 제27대 왕인 영류왕이 고구려의 **대막리지**를 지낸 연개소문을 상대로 소송을 제기한 사건입니다.

판사   전에도 왠지 이런 재판을 했던 것 같은데? 나이를 많이 먹다 보니 기억력이 흐려져서…….

김딴지 변호사   맞습니다. 사실 한국이 일제 강점기였던 1931년에 신채호라는 독립운동가가 연개소문을 재평가해야 한다며 소송을 걸었습니다. 당시에는 지금의 원고와 피고가 뒤바뀌어서 재판을 벌였고, 그 결과 원고인 연개소문이 승소하였습니다.

판사   음, 그러면 왜 또 재판을 하자는 것인지요? 재판 결과가 마음에 들지 않는다고 자꾸 되풀이하다 보면 끝이 없지 않겠어요?

김딴지 변호사   네, 지당하신 말씀입니다. 하지만 지난번 재판은 한국이 나라를 빼앗긴 시점에 열리는 바람에 고구려를 지키고자 했던 연개소문의 업적만이 부각되었습니다. 영류왕을 죽이고 정변을 일으킨 그의 죄목은 묻혀졌지요. 이 점을 재판부에서 고려해 주셨으면 합니다.

판사   알겠습니다. 그러면 오늘 재판만큼은 더 이상 미련이나 의혹이 남지 않는 공명정대한 재판이 되도록 힘써야겠군요. 어깨가 무거워지는 느낌이네요. 자, 그럼 먼저 원고 측에서 본격적으로 발언해 주세요.

김딴지 변호사가 자리에서 일어나 자신만만한 태도로 턱을 쑥 내밀며 이야기했다.

김딴지 변호사   존경하는 판사님! 제가 드리고 싶은 말씀은 이것입니다. 이 재판은 눈곱만큼도 쓸모가 없다는 것이지요. 이런 재판은 당장 집어치워야 합니다!

너무나 뜻밖인 김딴지 변호사의 말에 방청석은 술렁거렸다. 판사도 눈이 휘둥그레졌고, 원고석에 앉아 연개소문을 노려보고 있던 영류왕조차 입을 딱 벌리고는 김딴지 변호사를 쳐다보았다.

판사   김 변호사, 지금 무슨 말을 하는 겁니까? 요즘 자료 조사 때문에 불지옥을 자주 드나든다더니 더위라도 먹었어요? 피고 측에서 재판을 열 필요가 없다고 주장한다면 혹시 몰라도, 당신은 원고 측 아닙니까? 정신 차리세요!

김딴지 변호사   아니, 아니, 제 말뜻을 오해하신 것 같군요. 제가 이 재판이 쓸모없다고 말한 이유는 굳이 재판을 할 필요도 없을 정도로 피고의 죄가 명백하기 때문입니다.

판사 오호, 아주 자신만만하시군요. 그렇게 생각하는 이유는 무엇인가요?

김딴지 변호사 판사님! 사람을 배신한 사람은 좋은 사람입니까, 나쁜 사람입니까?

판사 좋은 사람이라고는 못하겠지요.

김딴지 변호사 제 생각도 그렇습니다. 그렇다면 사람을 죽인 사람은 어떨까요? 좋은 사람입니까, 나쁜 사람입니까?

판사 살인자가 좋은 사람이라고 불린다면, 나 같은 판사는 세상에 있을 필요도 없겠지요. 도대체 하고 싶은 말이 뭡니까?

김딴지 변호사 그렇다면 피고는 명백히 유죄입니다! 그는 자신의 군주인 영류왕, 여기 있는 원고를 배신했습니다. 그리고 그를 죽였습니다. 더 이상 무슨 재판이 필요합니까?

이대로 변호사 판사님, 이의 있습니다! 원고 측은 사실을 지나치게 단순화함으로써 잘못된 결론을 끌어내고 있습니다. 피고가 반란을 일으킨 이유는……

판사 원고 측 변호인으로서 충분히 제기할 수 있는 문제라고 봅니다. 반론은 이따가 피고 측 변론을 시작할 때 해 주세요.

이대로 변호사 네…… 알겠습니다.

판사 원고 측은 계속 발언하세요.

김딴지 변호사 피고가 배신자에다 살인자라는 사실은 어떤 변명으로도 덮을 수 없습니다. 피고 측에서 뭔가 반론하면 그에 따라 대응하기로 하고, 이만하겠습니다.

판사 그러면 피고 측, 발언을 시작해 주세요.

이대로 변호사는 잠시 김딴지 변호사를 노려보고는, 부드러운 웃음을 지으며 자리에서 천천히 일어났다.

이대로 변호사 감사합니다. 판사님도 이런 재판을 왜 되풀이해야 하는지 의문을 가지셨다시피 저로서도 납득이 되지 않습니다. 여기 옆에 계시는 연개소문 장군님이야말로 우리 역사상 보기 드문 영웅이시기 때문입니다.

방청석에서 "옳소! 옳소!"라는 소리와 함께 박수가 터져 나왔다. 이대로 변호사는 흡족한 표정으로 방청석을 한번 돌아보고 말을 계속했다.

이대로 변호사 원고 측에서는 방금 말도 안 되는 주장으로 영웅을 깎아내렸습니다. 먼저, 원고 측 변호인은 피고를 배신자라고 했는데요. 사정을 알지 못하는 사람이라면 원고가 가만히 있는데 피고가 욕심에 사로잡혀 반란을 일으켰다고 생각할지도 모르겠습니다. 그러나 먼저 배신한 쪽은 원고입니다. 피고는 최후의 순간에 먼저 손을 썼을 뿐입니다. 또한 피고를 두고 살인자 운운하는 것은 더더욱

말이 되지 않습니다.

판사 왜 말이 되지 않는다는 것입니까?

이대로 변호사 우리 민족의 원수인 이토 히로부미를 하얼빈 역에서 살해한 안중근을 우리는 뭐라고 합니까? 살인자라고 합니까? 아니지요! 안중근 의사라고 부르며 존경하고 있지요! 또한 수많은 수나라 사람들을 숨지게 한 을지문덕 장군, 거란인을 숨지게 한 강감찬 장군, 일본인을 숨지게 한 이순신 장군은요? 원고 측의 말대로라면 이들은 말도 못할 살인자가 되겠군요. 그러나 정신이 올바른 사람이라면 그렇게 말할 리가 없지요. 단순히 '누군가의 목숨을 빼앗았다'는 사실로만 평가할 일이 아닙니다. 경우에 따라서는 그것이 정의로운 행동, 영웅적인 행동이 될 수도 있는 것이지요. 피고도 바로 그런 경우에 속합니다.

김딴지 변호사는 팔짱을 낀 채 '흥' 하고 비웃음을 날렸지만 얼굴에는 초조한 기색이 비쳤다.

이대로 변호사 여러분은 저기 앉아 있는 원고 영류왕이 얼마나 비열하고 치졸한 방법으로 꾀를 내어 피고를 해쳤는지, 그리고 고구려라는 나라를 어떻게 중국에 팔아먹으려 했는지 감히 상상도 못할 것입니다. 80년 전의 재판에서 그가 여기 피고석에 앉았던 것은 너무도 당연한 일이며, 지금 이 재판은…… 원고 측의 표현을 그대로 빌리겠습니다. 바로 '눈곱만큼도 쓸모가 없다'는 것입니다. 이런 재판은 당장 집어치워야 합니다!

용안
왕의 얼굴을 높여 부르는 말입
니다.

이대로 변호사는 더 큰 박수 속에서 발언을 마치고 자리에 앉았다. 김딴지 변호사는 콧방귀를 뀌고는 자리에서 일어났다.

김딴지 변호사　글쎄요. 피고 연개소문의 배신이 과연 피고 측 변호인이 변명한 그런 것이었을까요? 판사님, 이쯤에서 피고의 말을 들어 보았으면 합니다.

판사　피고는 간단히 재판에 임하는 입장을 밝히고, 원고 측 변호인의 질문에 대답하세요.

연개소문　안녕들 하십니까? 연개소문이라고 합니다. 오랜만에 영류왕 폐하의 용안을 뵈오니 감개가 무량하군요. 보아하니 저분은 내가 별로 보고 싶지 않으셨던 모양이지만 말입니다. 그동안 패자의 마을에서 고생깨나 하신 모양이고……. 하하. 하지만 사실 나는 그 마을에서 저분보다 더 오래 고생했지요. 무려 1000년도 넘게 말입니다. 그런데 100년도 못 되는 세월 동안 그곳에 계셨던 게 그렇게 억울하신 건지, 이런 자리를 마련해 꼴도 보고 싶지 않을 내 얼굴을 다시 보려 하시네요. 하하.

김딴지 변호사　피고는 지금 법정을 희롱하려는 겁니까?

연개소문　희롱이라니요? 내가 어찌 그러겠습니까?

김딴지 변호사　그러면 묻는 말에만 대답하세요.

연개소문　네, 당연히 그래야지요. 뭐든지 물어보십시오.

　왜 연개소문은 영류왕을 배반했을까?

김딴지 변호사   그럼 먼저 본인 소개부터 해 봅시다. 에 …… 고구려 사람이며 장군 출신…… 이건 다 아는 거고 ……. 집안 환경부터 볼까요? 피고의 집안은 어떠했나요?

연개소문   대대로 대대로 집안이었죠.

김딴지 변호사   아하, 피고가 겉으로는 짐짓 태평한 표정을 짓고 있지만 속으로는 이 법정이, 아니 이 김딴지가 두려워서 긴장했나 보군요. 그렇게 '대대로 대대로'라며 말을 더듬는 걸 보니 말입니다.

연개소문   푸하하하핫!

김딴지 변호사   아니, 피고! 지금 왜 웃는 겁니까?

연개소문   하하하. 내가 말을 더듬었다기에 그만 웃음이 터졌습니다. '대대로 대대로'라는 것은 우리 집안이 '대대로'라는 관직을 대대로, 그러니까 대를 이어 물려받았다는 뜻입니다. 그걸 그렇게 듣다니, 김 변호사님이야말로 긴장한 것 같군요.

대대로

고구려에서는 국사를 담당하던 최고의 관직을 '대대로'라고 불렀답니다. 귀족 회의에서 선출되며 원칙적으로 왕은 여기에 개입할 수 없었다고 해요.

    방청석 여기저기서 킥킥대며 웃는 소리가 들려왔다. 얼굴이 시뻘게져서 무슨 말을 하려던 김딴지 변호사는 잠시 흥분을 가라앉힌 뒤 연개소문에게 물었다.

김딴지 변호사   듣자니까 피고는 스스로 '물속에서 태어났다'며 허무맹랑한 말을 해서 어리석은 사람들을 속였다고 하던데요. 무슨 사이비 종교 교주도 아니고…….

연개소문　　하하! 아, 이거 자꾸 웃어서 죄송합니다. 그건 우리 집안에 전해 내려오는 전설이지요. 나의 조상께서 물속에서 태어나셨다나요. 그래서 내 성도 연못을 뜻하는 '연'씨가 되었다고도 하지요. 하지만 뭐 그렇게 이상한 이야기도 아니지 않습니까? 요즘에는 건강에 좋다면서 일부러 수중 분만도 한다고 하던데요. 불 속에서 태어났다거나 하늘에서 떨어졌다는 이야기보다는 낫지 않을까요? 하하.

김딴지 변호사　　좋습니다, 좋아요! 그런데 '대대로'라면 고구려에서 왕 다음으로 높은 자리였다고 알고 있습니다. 그걸 대대로 물려받았다니, 참 대단한 집안 출신이셨군요.

연개소문　　뭐, 그런 셈이죠.

김딴지 변호사　　그런데 정작 피고는 피고의 부친이 돌아가신 후 대대로를 이어받지 못했죠?

연개소문　　음, 그건 아닙니다. 대대로가 되었어요. 하지만…….

김딴지 변호사　　▶으레 찬성할 줄 알았던 귀족 회의에서 반대가 쏟아졌죠. 그래서 피고가 그들을 하나하나 찾아가 머리를 조아리며 앞으로 잘할 테니 한 번만 기회를 달라고 애걸복걸했지요? 그래서 간신히 대대로가 되지 않았나요?

연개소문　　……일단은요.

교고서에는

▶ 고구려의 정치는 대대로를 비롯한 10여 등급의 관리들이 맡았습니다. 대대로는 그 첫째 등급이며 귀족이 선출했지요.

연개소문의 대답을 듣고 방청객들이 웅성거렸다.

"뭐? 천하의 연개소문이 머리를 숙이고 애걸했다고?"

왜 연개소문은 영류왕을 배반했을까?

이대로 변호사   이의 있습니다! '애걸복걸'이라는 표현은 불필요하게 피고를 깎아내리는 것입니다.

김딴지 변호사   그럼 이게 '애걸복걸'이 아니면 뭡니까? 표현력이 좋으신 이 변호사가 대신 말해 보시죠?

이대로 변호사   뭐라고요? 이 사람이 정말!

판사   조용히들 하세요! 원고 측은 지나치게 자극적인 표현은 자제해 주세요.

김딴지 변호사   알겠습니다. 그럼 다음으로 넘어가죠. 어째서 대대로 이어 오던 대대로 자리가 피고에게는 당연히 주어지지 않았던 걸까요? 그만큼 피고가 두루 존경받지 못하고 '포악하다', '고집불통이다', '제멋대로다'라고 손가락질받았기 때문이 아니었을까요? 연씨 가문 후계자에게 당연히 주어지던 자리를 갑자기 반대하고 나서는 사람이 그토록 많아졌다면 말입니다.

연개소문   글쎄요. 살아 있을 때 나는 별로 사근사근한 사람은 못 되었습니다. 하지만 그렇다고 제멋대로였던 것 같지는 않군요. '용감하고 꿋꿋하다'는 말은 많이 들었습니다. 내가 대대로가 되는 것을 반대하는 사람이 많았던 이유는 첫째로 질투 때문이 아니었나 싶고요. 둘째로는······.

김딴지 변호사   둘째로는, 뭡니까?

연개소문   옆에 앉아 계신 영류왕의 반대 때문이 아니었을까요?

김딴지 변호사   무엇 때문에 원고가 반대했다는 것이지요?

연개소문   내가 저분의 정책을 정면으로 반대했으니까요. 고구려

는 어떤 나라여야 하고 당나라에 어떻게 대응해야 할 것인가의 문제
를 놓고 우리 두 사람은 뜻이 맞지 않았습니다. 당연히 영류왕은 내
가 부담스러웠을 것이고, 그래서 대대로가 되지 못하게 갖은 수단을
다 쓰신 것이겠죠.

김딴지 변호사　　흐흠. 그럴듯한 말씀이신데요. 물론 둘 사이에 정책
을 놓고 입장이 갈라졌던 것은 분명합니다. 그 점에 대해서는 나중
에 논의하겠고, 여기서는 먼저 피고가 객관적으로 많은 사람의 지지

　　왜 연개소문은 영류왕을 배반했을까?

를 받지 못했으며, 인격적으로 본받을 만한 사람이 못되었다는 점을 분명히 하고자 합니다. 판사님, 이를 증명해 줄 증인을 부르겠습니다. 고려 시대에 『삼국사기』를 편찬한 김부식을 불러 주십시오.

판사 　증인, 나와서 증인 선서를 해 주세요.

김부식 　선서. 나 김부식은 진실만을 말할 것을 맹세합니다.

김딴지 변호사 　『삼국사기』는 잘 읽어 보았습니다. 쓰시느라 힘이 많이 드셨겠어요.

김부식 　쉽지 않았지요. ▶우리 스스로 남긴 자료가 그리 많지 않아서 중국에서 자료를 구해다 보충해야 했으니까요. 그리고 서로 다른 부분을 대조하고 고치고……. 어휴, 그래도 삼국을 통일한 신라의 자랑스러운 김씨 왕가의 핏줄인 내가 삼국의 역사를 정리하는 책을 쓰게 되어서 참으로 뿌듯합니다.

김딴지 변호사 　수고가 많으셨습니다. 그럼 저기 앉아 있는 피고에 대해 질문을 드리겠습니다. 피고를 잘 아시죠?

김부식 　연개소문? 알다마다요.

김딴지 변호사 　그는 어떤 사람이었습니까? 어떤 성격을 가진 사람이었는지요?

김부식 　흠. 지나칠 만큼 잔인하고 오만한 사람이었지요.

김딴지 변호사 　어째서 그렇게 생각하시죠?

김부식 　그는 말을 타거나 내릴 때마다 사람을 땅에 엎드리게 하고 그 등을 디디고 오르내렸어요. 왕도 그렇게는 못했거든요. 그리고 몸에다 항상 다섯 자루의 칼을 차고

교과서에는

▶ 고려 시대에 김부식은 인종의 명을 받아 『삼국사기』를 편찬했습니다. 현재 남아 있는 역사서 중 가장 오래된 것으로, 『구삼국사』와 같은 이전의 기록을 참고해 편찬했지요.

천리장성
고구려 말기, 연개소문의 지휘 아래 당나라의 공격을 막기 위해 쌓은 성입니다. 고구려 서부 변경에 위치했지요.

다니면서 만에 하나 누가 쳐다보기라도 할라치면 다짜고 짜 베어 버렸죠.

김딴지 변호사   그야말로 깡패 두목이나 다름없었군요!

이대로 변호사   판사님!

판사   원고 측 변호인, 자극적인 표현은 자제하라고 하지 않았습니까?

김딴지 변호사   주의하겠습니다. 증인, 피고에 대해 조금 더 말씀해 주세요.

김부식   ▶에, 그러니까 당시 연개소문은 중국의 침입에 대비해 **천리장성** 쌓는 일을 맡았습니다. 그런데 백성을 지나치게 가혹하게 부렸어요. 천리장성을 쌓느라 농사지을 남자와 베를 짤 여자가 없었으니 백성이 큰 고통을 겪었지요. 고구려의 힘도 날로 쇠약해졌습니다.

김딴지 변호사   말하자면 자기 목표를 달성하기 위해서는 인정사정을 두지 않았다는 것이군요. 그러니까 자신이 받들던 왕도 살해한 것이겠죠?

김부식   그렇죠. 잔치를 베풀겠다고 속여서 손님으로 온 100여 명의 조정 신하들을 남김없이 죽였고, 왕은 그냥 죽이는 것으로 모자라 몸을 여러 토막 내 강물에 던져 버렸으니…… 사람이 늑대처럼 흉악하지 않고서야 그럴 수는 없는 거죠.

교과서에는

▶ 고구려는 당나라의 침략에 대비하여 천리장성을 쌓았습니다. 완성되기까지 16년이 걸렸지요. 연개소문은 천리장성의 축조를 감독하면서 요동 지방의 군사력을 장악하여 정권을 잡을 수 있었어요.

방청석에서 "무서워", "너무했다"는 소리가 간간이 들려왔다.

김딴지 변호사 말씀 감사합니다. 이로써 피고의 진짜 모습을 확실
히 알게 되었습니다. 피고는 본래 흉악한 사람이었고, 그
래서 당연히 이어받을 줄 알았던 대대로의 자리에 오르는
것도 순탄치 않았으며, 높은 벼슬에 오르자 개인적으로는
주위 사람들을 못살게 굴고 국가적으로는 백성을 못살게
굴었습니다. ▶그리고 마침내 잔인무도한 방법으로 왕과
동료 신하들을 살해하고 최고 권력을 차지한 것입니다. 어

▶ 연개소문은 정변을 일으
켜 영류왕을 비롯한 여러
대신을 제거했습니다. 그는
왕의 조카를 보장왕으로 세
운 뒤 대막리지가 되어 고
구려의 권력을 장악했어요.

떻게 이런 사람을 영웅으로 받들 수 있습니까? 찬란한 역사를 자랑하는 우리나라에 이다지도 인물이 없다는 말입니까? 이상입니다.

판사   피고 측에서는 반론이 없습니까?

이대로 변호사   왜 없겠습니까? 증인에게 몇 가지 묻고 싶습니다.

판사   그렇게 하시지요.

이대로 변호사   감사합니다. 증인, 증인은 어느 시대 사람이라고 하셨죠?

김부식   말씀드렸는데요. 고려 인종 임금 때 살았지요.

이대로 변호사   그러면 피고인 연개소문 장군이 살았던 때와 몇 년이나 차이가 납니까?

김부식   음…… 그러니까, 서양 사람들 연도로 따져 볼 때 연개소문이 666년에 죽었고 내가 1075년에 태어나 1151년에 죽었으니…… 한 480년 정도 차이가 난다고 볼 수 있겠군요.

이대로 변호사   그러면 증인이 무려 480여 년이나 앞서 살았던 사람에 대해 어떻게 그렇게 직접 본 듯이 '사람됨이 오만하다느니 포악하다느니' 말씀하실 수 있는 거죠?

김부식   아, 그거야 전하는 기록을 보고 알 수 있지요.

　　이대로 변호사가 갑자기 탁상을 쾅 내리쳤다.

이대로 변호사   바로 그게 문제입니다!

김부식   네?

이대로 변호사　아까 증인은 『삼국사기』를 쓸 때 한국과 중국의 자료를 참고했다고 하셨죠?

김부식　네. 우리나라에 전하는 기록을 보고, 모자라는 부분은 중국의 자료로 보충했지요.

이대로 변호사　여기 『구당서』와 『신당서』가 있습니다. 중국 당나라의 역사를 나중에 기록한 것이지요. 또 송나라 때 그때까지의 중국 역사를 쓴 『자치통감』도 있습니다. 이것들을 잘 들여다보니까, 증인이 피고에 대해 설명한 부분은 모조리 이 중국 역사책에 나오는 내용 그대로예요! 그렇지 않습니까?

김부식　아, 그것은…… 워낙 자료가 부족하다 보니…….

이대로 변호사　고려는 고구려를 계승한 나라이고 피고는 고구려의 마지막을 장식한 중요한 인물인데, 그렇게 자료가 없을 수 있을까요? 저는 우리나라에도 자료가 적지 않았을 거라고 봅니다. 그런데 왜 유독 중국 자료만을 보고 『삼국사기』에 연개소문 열전을 썼을까요? 생각해 보면 중국은 피고를 좋게 볼 까닭이 없습니다. 당나라 태종이 직접 군사를 이끌고 고구려를 공격했지만 실패했고, 피고가 죽을 때까지 몇 번이고 다시 쳐들어왔지만 끝내 뜻을 이루지 못했으니까요. 그런데 증인은 왜 하필 피고에 대해 안 좋게 생각하고 있던 중국의 자료만 가지고 우리 민족의 영웅을 설명했느냐는 말입니다.

김부식　'영웅'이라…… 좋습니다. 그러면 대체 왜 내가 우리나라의 영웅을 깎아내리려고 일부러 중국의 자료를 갖다가 썼을까요? 그럴 이유가 뭐가 있겠습니까?

이대로 변호사 이유가 있지요! 아까 증인은 신라 왕실의 후손이라고 하셨죠?

김부식 네. 신라에서는 박씨, 석씨, 김씨가 왕이 되었는데, 그중 가장 오래 왕위를 이어 온 김씨 왕들이 나의 조상입니다.

이대로 변호사 그러니까 다른 두 나라에 비해서 신라를 치켜세우고 싶었겠지요. 실제로 증인이 『삼국사기』를 쓸 때 고구려가 삼국 중에서 가장 오래된 나라인데도 신라 역사를 먼저 적고, 다음으로 고구려와 백제의 역사를 기록했지요. 증인은 '신라가 위대하니까 삼국을 통일했다'고 한껏 찬양하고 싶었을 것이고, 반대로 '고구려와 백제는 못나서 망했다'고 하고 싶었겠죠. 그런데 통일 직전에 고구려를 이끌고 있던 사람이 누구였나요? 바로 피고였지요! 그러니까 사실보다 피고를 더 나쁘게 평가할 필요가 있었던 게 아닙니까?

김부식 허허. 무슨 오해를 그렇게…….

이대로 변호사 과연 오해일까요? 그리고 증인이 피고를 나쁘게 평가할 이유가 하나 더 있지요. 증인은 생전에 유명한 유학자였지요?

김부식 뭐, 그렇게 유명하지는 않았지만, 공자님과 맹자님의 가르침에 따라 부모님께 효도하고 나라에 충성하며 살려고 애썼죠.

이대로 변호사 ▶유학은 우리 민족에게 많은 도움을 주었습니다. 충(忠)과 효(孝)의 가치를 심어 준 것은 물론이고, 부자는 탐욕스러우면 안 되고 정치인은 백성을 위해 정치를 해야 한다는 가르침을 주었죠. 그러나 유학자들에게는

교과서에는

▶ 중국과의 교류가 활발해지면서 삼국에 유학이 보급되었습니다. 삼국 시대의 유학은 충, 효, 신 등의 규범을 장려하는 수준이었지요.

왜 연개소문은 영류왕을 배반했을까?

대체로 한 가지 좋지 못한 성향이 있었습니다. 바로 '사대

주의'이지요.

김부식　　음…….

이대로 변호사　　옛날 유학자들은 중국이 천하의 중심이

며 유일하게 본받아야 할 나라라고 생각했습니다. 우리나

라같이 작은 나라는 어디까지나 중국을 공손히 받들어 섬겨야지, 동

등한 대우를 요구하거나 공격해서는 안 된다고 생각했지요. 그것은

마치 자식이 부모에게 대들거나 백성이 나라에 반역하는 것처럼 잘

사대주의
사대주의란 세력이 약한 나라가
자기 나라보다 힘이 센 나라를
맹목적으로 우러러보고 받아들
이려는 주체적이지 못한 태도를
뜻한답니다.

못된 일이라 여겼습니다. 그러므로 중국에게 머리를 숙이지 않고 당당히 맞섰던 연개소문 장군은 증인 같은 유학자가 보기에는 천하의 나쁜 사람일 수밖에 없었던 겁니다! 제 말이 맞지요?

방청석이 크게 웅성거렸다.
"저런 말도 안 되는 소리가 어디 있어?"
"중국이나 우리나 다 같은 나라인데 어째서 부모처럼 섬겨야 한다는 거지?"

판사　자, 조용히 해 주세요! 이러면 재판을 진행할 수 없습니다!

불쾌한 듯이 두 눈을 꼭 감고 이맛살을 찌푸린 채 이대로 변호사의 재촉에도 답변하지 않고 한동안 가만히 앉아 있던 김부식이 말했다.

김부식　유학에서 중화와 오랑캐를 구분하기는 합니다. 하지만 중화란 반드시 중국이라는 나라를 가리키는 것이 아니고, 문화가 발달하고 도덕 수준이 높은 나라를 가리키는 말입니다. 말하자면 세상의 모범이 되는 국가이지요. 중국이 어지러워지고 대신 우리나라가 도덕과 문화를 발전시키면 그때는 우리가 중화가 될 수 있는 것입니다. 실제로 그런 주장을 한 유학자들이 많았지요.
이대로 변호사　그럼 중국의 기록을 가져다 쓴 이유는 무엇입니까?

김부식　　역사는 아시다시피 사실의 기록입니다. 왜 우리나라 자료를 놔두고 남의 나라 자료에 의존했냐고 하시는데, 오히려 우리 땅에서 만들어진 자료라서 더 믿지 못할 수도 있는 것 아닙니까? 무조건 우리나라를 높이고 싶은 마음에서 과장과 왜곡을 할 수 있으니까 말입니다. 허무맹랑한 전설이나 신화가 나오기도 하고요.

이대로 변호사　　허무맹랑한 전설이 나오다니요?

김부식　　가령 우리 자료에 연개소문이 가랑잎 하나로 바다를 건넜다고 나오면, 그것을 그대로 역사에 실을 수 있습니까? 연개소문이 물속에서 태어났다는 말도 그대로 쓸 수 있을까요? 사실인지 의심스럽고 앞뒤가 맞지 않는 자료를 제외하다 보니, 연개소문에 대해서는 중국의 자료를 주로 참고하게 되었습니다. 하지만 나의 개인적인 욕심이나 편견 때문에 그를 나쁘게 묘사했다는 의심은 거두어 주시기 바랍니다.

　　이렇게 말한 김부식은 피곤해서 더 이상 증언을 할 수 없다고 말했다. 판사는 이를 받아들였고, 김부식은 법정을 나갔다.

고구려가 평양으로
도읍을 옮긴 까닭은?

고구려 제20대 왕인 장수왕은 427년, 도읍을 국내성에서 평양으로 옮겼습니다. 장수왕의 아버지인 광개토 대왕은 평양의 아홉 곳에 절을 지어 천도의 기반을 닦았지요. 고구려가 오랫동안 도읍이었던 국내성 대신 평양을 도읍으로 삼은 이유는 여러 가지가 있어요. 우선 평양은 지대가 풍요롭고 교통이 좋은 곳입니다. 요새와도 같은 국내성과는 다르지요. 동서남북 말을 달려 땅을 넓히는 일은 그만 쉬고, 이제부터는 얻은 땅을 착실히 지키며 위대한 제국의 내실을 기해야 한다고 보았던 것이지요. 그러려면 평양과 같은 곳이 수도로는 알맞았고요. 어떤 사람들은 평양 천도가 고구려를 한반도로 후퇴시키는 결정이었다고 비판하지만 고구려 입장에서는 등 뒤에서 호시탐탐 기회를 노리는 백제와 신라에 대한 대비도 필요했습니다. 이런 이유로 고구려는 도읍을 평양으로 옮겼고, 이후 고구려가 멸망할 때까지 평양을 도읍으로 삼았습니다.

영류왕은 왜 연개소문을 실망시켰을까?

2

이대로 변호사   원고 측에서 우리 피고를 부도덕한 사람으로 몰아붙이던 이야기가 믿을 만하지 않다는 것을 아셨을 줄로 알겠습니다. 그러면 진짜로 피고가 어떤 사람이었는지, 피고는 왜 반란을 일으킬 수밖에 없었는지를 알아보기 위해 증인을 신청합니다.

판사   증인 누구를 신청하는 것입니까?

이대로 변호사   ▶바로 신채호 선생입니다. 그는 1931년에 『조선 상고사』라는 책을 내서 『삼국사기』로 인해 잘못 전해지고 있던 연개소문 장군의 참모습을 제대로 보여 주었고, 그리하여 80여 년 전 재판에서 피고의 승소를 이끌어 낸 주인공이지요.

판사   좋습니다. 증인은 나와서 선서해 주세요.

신채호는 판사의 말에 따라 진실만을 증언하겠다는 선서를 하고 증인석에 앉았다.

이대로 변호사 생전에 독립운동을 하시며 최후까지 꿋꿋한 모습을 보이시던 때처럼, 지금 뵈어도 여전히 당당하고 늠름하십니다. 오늘은 피고인 연개소문 장군에 대한 말씀을 듣고자 모셨습니다.

신채호 네, 무얼 알고 싶으십니까?

이대로 변호사 먼저 연개소문 장군은 어떤 사람인가요?

신채호 그렇게 간단한 걸 무엇 때문에 굳이 물어보시오? 영웅이지요! 민족사에 보기 드문 영웅!

이대로 변호사 그렇게 보시는 까닭은요?

신채호 방금 나간 사람, 김부식이 온통 거짓말로 도배해 놓은 『삼국사기』라는 책에조차 이렇게 씌어 있어요. 송나라 신종이라는 임금이 신하 왕안석과 이야기하다가 "당나라 태종이 어째서 고구려를 쓰러뜨리지 못했는가?"라고 물었답니다. 그러자 왕안석은 "연개소문이라는 비범한 사람 때문입니다"라고 대답했다고 말입니다. 지나(支那) 사람들도 그가 영웅임을 인정하고 있는데 무슨 말이 더 필요합니까?

이대로 변호사 네, 그렇군요. 그런데 원고 측에서는 피고가 성품이 포악하고 오만하며, 자신의 욕심 때문에 반역을 꾀했다고 주장하고 있습니다.

신채호 영웅에 대한 **중상모략**은 흔한 일이지요. 연개소문 장군이 칼을 많이 차고 다녔으니 어쩌니 하는데, 고구려는 아시다시피 무예를 숭상하는 나라여서 무기를 많이 가지고 다니는 일은 이상할 게 없어요. 그리고 그를 시기하고 기회를 봐서 암살하려는 사람이 어디서 튀어나올지 모르는데 조심하는 것은 당연하지 않습니까?

이대로 변호사 아, 그렇겠군요. 그런데 영류왕, 저쪽에 앉아 계시는 이 재판의 원고 말인데요, 대체 왜 피고가 저분을 살해한 걸까요? 아무튼 임금으로 섬기던 분 아닙니까?

중상모략
근거 없는 말로 남을 헐뜯고 사실을 왜곡하는 것입니다.

조공
과거 중국 주변에 위치한 나라들은 정기적으로 중국에 외교 사절을 보내 예물을 바쳤는데요, 이를 조공이라고 합니다.

신채호   이 변호사님, 변호사님은 작은 의리가 중요합니까, 큰 충성이 중요합니까?

이대로 변호사   그거야 당연히 큰 충성이 중요하겠지요.

신채호   만약 누군가에게 작은 나쁜 일을 하지 않으면 큰 나쁜 일을 하게 될 수밖에 없다, 그러면 어떻게 하시겠소?

이대로 변호사   그런 처지에 놓이지 않았으면 합니다만, 어쩔 수 없다면 아무래도 더 작은 나쁜 일을 하도록 해야 하지 않을까요?

신채호   맞는 말씀이오. 우선 영류왕이 먼저 연개소문을 배신했지요. 연개소문을 두려워한 나머지 몰래 죽이려고 했으니 말이오. 그러나 그보다 더 중요한 점은 영류왕이 왕답게 행동하지 않았다는 것이지요. 위대한 고구려의 조상들 얼굴에 먹칠을 하고, 고구려를 송두리째 지나에 바치려 했다는 것입니다! 연개소문이 반역이라는 오명을 무릅쓰고 영류왕을 없애지 않으면 안 되었던 까닭이 거기에 있습니다. 왕 개인에 대한 의리보다 나라에 대한 충성이 더 중요하니 말이오. 지나의 유학자인 맹자도 그런 말을 했지요. "백성이 가장 귀하고, 그다음이 사직 즉 나라이며, 임금은 가장 중요함이 덜하다"라고요.

이대로 변호사   원고가 나라를 망치려 했다는 점을 좀 더 자세히 말씀해 주시겠습니까?

신채호   먼저 619년에 당나라에 사신을 보내 충성을 맹세하고 매년 **조공**을 거르지 않더니, 640년에는 아들인 태자 환권을 인질로 보내면서까지 당나라에 머리를 조아렸지요. 그뿐이면 말도 안 하겠소.

628년에는 당나라에서 달라고 하지도 않은 고구려의 <u>봉역</u> <u>도(封域圖)</u>를 자신해서 바쳤어요! 고구려의 요새와 도로가 남김없이 표시된 지도를 바쳤다는 얘기요! 이게 한 나라의 왕으로서 말이 되는 일입니까? 자진해서 국가 기밀을 적에게 바치다니! 아마 고구려에 잠입해 있던 당나라 첩자들이 영류왕 원망을 좀 했을 거요. '왕이 국가 기밀을 척척 넘겨주니 우리 같은 첩자가 할 일이 없다'고 말이오.

봉역도
고구려에서 세삭한 시노입니다. 고구려가 당나라에 봉역도를 바친 것은 고구려 영역이 어디인가를 확실하게 하기 위한 행위였다고 보기도 합니다.

조용하던 방청석이 다시 소란스러워졌다.

"왕이 직접 국가 기밀을 다른 나라에 바치다니, 그럴 수가 있나!"

"세상에나, 세상에나!"

신채호 게다가 622년에는 수나라와 전쟁할 때 잡았던 포로들을 지나로 돌려보냈고, 631년에는 자진해서 경관(京觀)을 허물어 버렸지요.

이대로 변호사 경관이라는 게 무엇입니까?

신채호 말하자면 승전 기념비라고 할 수 있는데, 적군의 시체를 높이 쌓아 올리고 쇳물 같은 것으로 굳혀 만들었죠. 수나라와 싸워 승리한 것을 길이길이 기념하기 위해 경관을 마련했는데 그걸 우리 손으로 허물었으니! 그 생각만 하면 지금도 나는 저절로 한숨이 나오고 피가 거꾸로 솟습니다.

이대로 변호사 그렇군요. 명쾌한 증언에 감사드립니다. 판사님, 이

제 모든 것이 분명해졌습니다. 진정한 반역자는 피고가 아니라 바로 원고, 영류왕이었던 겁니다!

김딴지 변호사　참, 듣자 듣자 하니 순 자기들 맘대로 검은 것을 희다 하고 흰 것을 검다 하는군요. 판사님, 증인에게 몇 마디 물어도 되겠습니까?

판사　그렇게 하십시오.

김딴지 변호사　증인, 역사가이시라니까 한 말씀 여쭙겠습니다. 원고와 피고가 활동했던 당시 고구려의 인구가 얼마나 되었습니까?

신채호　음…… 글쎄올시다. 한 400만 명 정도였던가?

김딴지 변호사　역사가라면 그 정도는 기본으로 아셔야 하는 것 아닌가요?

신채호　흥. 인구가 그렇게 궁금하면 그 당시 사람들에게 물으면 되잖소? 당신 옆자리의 양반에게 묻든지. 자료를 종합해 보면 고구려 말기에 약 69만 호가 있었다고 하오. 한 호당 인구가 평균 다섯 명이라고 치면 대략 350만 명이 고구려에 살았던 셈이오.

김딴지 변호사　그렇군요. 그러면 당시 당나라의 인구는 얼마나 되었지요?

신채호　대략 600만 호 정도였다 하오. 그러니까 3000만 명 정도 되려나?

김딴지 변호사　그러면 과연 350만이 3000만을 상대로 싸워서 이길 수 있다고 보십니까? 거의 10대 1에 가까운데요?

신채호　무슨 말을 하나 했더니······. 당나라를 상대로 고구려가 맞서는 것은 무리였다, 그러니까 연개소문처럼 맞서서는 안 되고 영류왕처럼 머리를 조아리는 게 옳았다, 이 말 아니오? ▶그러면 을지문덕 장군이 살수에서 수나라의 100만 대군을 멋지게 물리친 것은 대체 뭐란 말이오? 그리고 당나라 역시 고구려에게 형편없이 당하고 쫓겨 가지 않았소? 당신은 변호사라면서 기본적인 역사도 모르는 거요?

김딴지 변호사　아닙니다. 제가 설마 그 정도도 모르겠습니까? 분명히 고구려는 싸움을 잘하는 나라였고, 수나라와 당나라의 대군과 싸워 이겼습니다. 하지만 그 승리가

교과서에는

▶ 을지문덕은 수나라 군대를 유인해서 살수에서 크게 격파했습니다. 당나라는 고구려를 여러 차례 공격했지만 연개소문이 살아 있는 동안은 이를 모두 물리쳤답니다.

청야 전술
적이 사용할 수 있는 식량이나 군수 물자 등을 모두 없애 적군을 지치게 만드는 전술입니다. 살수 대첩이나 임진왜란 등에 이 전술이 활용되었지요.

얼마나 실속 있는 승리였을까요? '상처뿐인 영광'은 아니었을까요?

신채호　그게 무슨 소리요?

김딴지 변호사　기본적으로 수나라나 당나라는 인구도 많고 물자도 풍부하여 크게 패하고도 다시 몇 번이고 공격해 올 수 있었죠. 하지만 고구려는 달랐습니다. 국력을 온통 기울여야만 간신히 저들을 막아 낼 수 있었지요. 그런 식의 승리가 과연 언제까지 가능했을까요? 게다가 고구려는 적의 대군이 쳐들어오면 **청야 전술**을 펼치며, 논과 밭과 마을을 다 불태워 버리고 성 안으로 들어가서 굳게 지키는 식으로 싸웠죠. 하지만 그렇게 해서 이기면 불타 버린 논밭과 마을만 남을 뿐입니다. 고구려는 강했지만 적을 한 번 물리칠 때마다 계속 약해졌습니다.

신채호　흥, 일리가 없지는 않소. 하지만 그래서 더 안타깝다는 거요. 저 겁쟁이 영류왕만 아니었으면…… 고구려가 먼저 쳐들어갔더라면…….

김딴지 변호사　무, 무슨 말씀이시죠?

신채호　최선의 방어는 공격이라고 했는데, 고구려 땅에서 쳐들어오는 적을 막는 데에만 바빴으니 이겨도 힘만 빠질 수밖에 더 있소? 차라리 우리가 공격을 했어야 해요. 그러면 싸울 때마다 힘이 강해졌을 것 아니오?

김딴지 변호사　지금 농담하시는 겁니까? 열 배의 국력을 가진 적을 방어하기도 힘겨운데 공격이라뇨?

신채호　농담이라니요? 흉노나 선비족, 몽골 족, 여진족이 어땠소? 그들도 거우 몇백만 명의 인구를 가지고 지나를 유린했어요. 그리고 마침 당시는 수나라가 무너지고 새로 당나라가 들어서는 혼란기였소. 게다가 당나라를 세운 이연의 아들들이 서로 다투느라고 정신이 없었어요. 그때를 노려 쳐들어갔다면 충분히 지나를 우리 한민족의 마당으로 만들 수 있었소. 그런데 영류왕이 멍청해서 사대주의만 내세우다 보니, 그사이에 지나는 안정을 되찾고 힘을 키운 거요. 연개소문이 참다못해 거사를 했지만 이미 때가 늦었던 것이지.

김딴지 변호사　흐흠…….

신채호　그래도 안시성 싸움에서 철저히 패하고 돌아가는 당나라 태종 이세민의 군대를 연개소문이 추격해서 지나 땅까지 깊숙이 들어갔어요. 그때 지나인들이 얼마나 간담이 서늘했으면 연개소문을 무시무시한 마왕으로 그린 가면극까지 생겼겠소? 고구려는 그만큼 강했던 거요. 후손들이 못나 빠져서 그 힘을 다 잃고, 과거 우리가 얼마나 강했는지도 모른 채 살고 있으니 슬플 따름이오.

김딴지 변호사　아주 재미있는 말씀을 들었습니다. 하지만 너무 대담한 이야기라 쉽게 인정하기 어렵군요. 당시가 혼란기였던 건 사실이지만 고구려가 멀리 동쪽에서 쳐들어오는 동안 당나라가 가만히 있었을까요? 고구려의 침입이 오히려 그들에게 단결할 기회를 주지는 않았을지요? 또한 그사이 고구려의 뒤에서 백제나 신라가 공격해 왔을지도 모를 일입니다.

신채호　그렇게 생각하는 게 다 사대주의자들이 이 나라를 너무

약하게 만들었기 때문이오. 무력뿐 아니라 정신력까지도 말이오. 나, 신채호는 일본이 나라를 통째로 빼앗았던 시대에 살았소. 당시 우리 독립투사들이 일본 제국주의에 맞서는 것은 10대 1의 싸움 정도가 아니었지! 그러나 우리는 죽을 각오로 싸웠소. 왜 그랬는지 아시오?

김딴지 변호사　　그러니까…….

신채호　　나라의 혼이 죽으면 그 나라는 죽은 거나 다름없기 때문이었소! 아무리 덩치가 크고 힘이 센 사람도 뇌를 다치면 식물인간이라 하여 죽은 것이나 마찬가지가 되듯, 나라와 민족도 혼을 잃으면 아무 소용이 없는 것이오! 그럼 혼이란 뭐냐? 아무리 불리한 상황에서도 민족의 자존심을 잃지 않는 것이오! 연개소문이 권력을 잡았을 때는 이미 지나와 정면으로 대결하기에는 힘이 부쳤을지도 모르오. 그러나 그럼에도 불구하고 절대로 머리를 숙이지 않고 당당하게 맞서야 옳았던 거요! 그래야 민족의 혼이 살 수 있었던 거요! 그래서 나, 신채호는 연개소문을 위대한 민족의 영웅이라고 부르는 거요!

신채호의 목소리가 법정을 쩌렁쩌렁 울렸다. 방청객들은 입을 헤벌리고 그를 바라만 보고 있거나, 자리에서 일어나 박수를 쳤다.

김딴지 변호사　　그 불꽃 같은 애국심은 존경합니다. 그러나 무조건 당당하게 버티는 것만이 나라와 민족을 위하는 길일까요? 아무튼 더 이상 질문해도 별로 성과가 없을 것 같군요. 이상으로 질문을 마치겠습니다.

신채호가 퇴장하자, 김딴지 변호사는 원고인 영류왕에게 다가가 몇 가지 질문을 건넸다.

패강
평안남도에 있는 대동강의 옛 이름입니다. 하지만 당시의 패강은 대동강이 아니라는 주장도 있습니다.

김딴지 변호사 원고에게 몇 가지 여쭙겠습니다. 원고는 전대 왕인 영양왕의 동생 되시죠?

영류왕 그렇소. 형님이 돌아가시고 대를 이었지요.

김딴지 변호사 그럼 왕위에 오르기 전에는 어떤 일을 하셨나요?

영류왕 장군이었소. 수나라 양제가 쳐들어왔을 때, 육지에서는 랴오허 강을 건너고 물길로는 황해를 건너 패강으로 들어왔다오. 그때 내가 고구려 수군을 이끌고 맞서 싸워서 크게 이겼소이다. 적장 내호아는 겨우 목숨만 건져서 혼비백산 달아났고, 수나라의 육군은 보급이 끊겨 낭패를 보았지요. 수나라와의 전쟁에서 승리한 공은 을지문덕과 나 고건무(高建武), 즉 영류왕이 으뜸이었다오.

김딴지 변호사 오, 보통 수나라 양제를 물리친 전쟁에서 을지문덕 장군의 이름만 알려져 있지만, 원고도 그 못지않은 공을 세우셨군요! 대단하십니다. 가만있자, 그러고 보면 그 누구라도 원고를 겁쟁이니 뭐니 하고 부를 수 없을 것 같은데요?

영류왕 당연하지요! 을지문덕이 죽은 뒤로는 나야말로 고구려 제일의 영웅이었소. 연개소문 따위는 감히 명함도 못 내밀었지.

김딴지 변호사 그런데 즉위하신 이후 당나라에 대해 초지일관 저자세를 보임으로써 연개소문이 반역을 꾀할 명분을 주신 이유는 무엇입니까?

토번

7세기 초에서 9세기 중엽까지 있었던 티베트 왕국입니다. 티베트 사람들은 스스로를 보에라고 불렀지만 중국 사람들은 이들을 토번이라고 칭했지요.

고창

5세기에서 7세기 사이에 존재했던 중앙아시아의 다민족 국가입니다. 640년에 당나라에 의해 멸망했어요.

영류왕   좋은 장수란 싸워야 할 때와 물러나야 할 때를 알아야 하는 법이오. 무턱대고 싸울 줄만 안다면 지도자로서의 자격이 없는 거요. 수나라와의 싸움에서 이기기는 했지만 그만큼 국력이 피폐해진 상황에서 또다시 중국과 싸울 수는 없었소.

김딴지 변호사   방금 증언한 신채호 증인은 당시 중국이 혼란스러운 시기였기 때문에 오히려 고구려가 중국을 칠 좋은 기회였다고 하던데요.

영류왕   허허. 전쟁이 그렇게 쉬우면 누가 못하겠소? 그리고 당나라만 볼 일도 아니오. ▶그때까지 북방의 유목 민족인 돌궐은 우리와 손잡고 중국에 맞서 왔었소. 하지만 당나라가 일어난 뒤로 점점 힘이 약해져서 결국 동돌궐이 멸망하고 그 지도자인 힐리가한이 당나라에 항복하는 판이었소. 멀리 서방의 **토번, 고창** 역시 당나라에 정복되었고 말이오. 그런 상황에서 고구려 혼자 힘으로 어떻게 중국을 넘본단 말이오?

교과서에는

▶ 6세기 말, 고구려는 북쪽의 돌궐과 연합하고 남쪽의 백제·왜와 연합하여 수나라와 신라의 위협에 대응했습니다. 한편 수나라의 뒤를 이은 당나라는 티베트와 중앙아시아까지 세력을 확장합니다.

영류왕의 반박에 김딴지 변호사가 황급히 자료들을 뒤적였다.

영류왕   게다가 남쪽의 백제와 신라에 대해서도 마음을 놓을 수 없었소. 백제는 내가 죽은 후 당나라 태종이 고구려를 칠 때 황금 갑옷을 만들어 바치며 당나라의 승리를 축원했소. 또 신라는 내가 살아 있을 때 이미 우리 고구려의 남부를 공격해 낭비성을 빼앗았소. 합리적인 지도자라면 그 누구든 당시 고구려가 취할 전략은 일단 당나라와 평화를 추진하는 것, 그리고 다시 싸울 날을 대비해 힘을 기르는 것이라고 판단했을 것이오.

김딴지 변호사   그래도 경관을 우리 스스로 허물고 봉역도를 당나라에 바친 일 등은 지나친 게 아니었을까요?

영류왕   고구려에 대한 중국의 원한을 달래고 의심을 없애려면 어쩔 수 없었소. 봉역도를 넘겨준 일을 무슨 군사 기밀 유출이라도 되는 듯 이야기하는데, 모양만 그럴듯할 뿐 중요한 기밀은 적지도 않은 지도였소. 그게 진짜 핵심 기밀이었다면 나중에 당나라가 쳐들어왔을 때 과연 패배했겠소? 그리고 경관은 당나라에서 사신을 보내서 "정말 우리와 화친하려 한다면 저 치욕적인 경관부터 없애라. 사신이 오고 갈 때마다 보기가 거북하다"고 하여 할 수 없이 허물게 된 것이오.

김딴지 변호사   그럼 당나라와 친하게 지낸 후에는 따로 전쟁 준비는 하지 않았나요?

영류왕   아니오. 그래도 마냥 마음을 놓을 수는 없다고 생각해서 전쟁 대비를 본격적으로 시작했소. 그중 하나가 바로 천리장성을 쌓는 일이었소. 그런데 외적을 막기 위해 성을 쌓으라고 붙여 준 병력을 가지고 거꾸로 조정의 신하들을 죽이고 임금마저 없애는 데 사용하다니……. 저 개소문인지 뜬소문인지 하는 인간이 이 재판에서 유

낭비성
낭비성은 삼국 간에 뺏고 뺏기던 전략적 요충지였어요. 『삼국사기』에는 629년경에 신라의 김유신 등이 고구려 영토였던 낭비성을 공격하여 빼앗았다고 기록되어 있어요. 통일 신라 시대에는 낭비성을 서원경(西原京)이라 하였고, 고려 태조 때부터 청주라는 이름을 써서 지금까지 이어집니다.

죄를 선고받지 않는다면 세상에 정의란 없는 거요!

김딴지 변호사   네, 잘 알겠습니다. 지, 이로써 그동안 제대로 평가받지 못했던 원고, 영류왕의 참모습이 밝혀졌다고 봅니다. 원고는 누구보다 용감했습니다. 그런데 왜 겁쟁이라는 말을 듣게 된 것일까요? 원고는 위기에 처한 국가를 이끄는 입장에서 누구보다 신중했습니다. 그런데 왜 등 뒤에서 칼을 맞은 걸까요? 왜 오늘날 사람들은 을지문덕과 연개소문의 이름만 알고 고건무, 즉 영류왕의 이름은 모르는 걸까요? 존경하는 판사님께서 현명한 판단을 하시리라 믿으며 이만 마치겠습니다.

판사   알겠습니다. 피고 측에서는 더 하실 말씀 없습니까?

이대로 변호사   할 말이야 많지만 다음 기회를 기다리겠습니다.

판사   그럼 이것으로 영류왕 대 연개소문 사건에 대한 1차 재판을 마무리 짓기로 하겠습니다. 다음 주에 2차 재판을 열겠습니다. 원고 측과 피고 측 모두 수고하셨고요, 귀중한 증언을 해 주신 증인들, 그리고 정숙하게 방청해 주신 방청객 여러분께 감사를 드립니다.

땅, 땅, 땅!

다알지 기자

안녕하세요. 저는 법정 뉴스의 다알지 기자 입니다. 오늘 한국사법정에서는 고구려의 연개 소문 장군과 영류왕의 재판이 열렸는데요. 저는 지 금 1차 재판이 열린 현장에 나와 있습니다. 오늘 원고 측에서는 피고인 연개소문이 성격이 잔인하고 오만했다고 주장했습니다. 이에 대해 피 고 측은 『삼국사기』를 쓴 김부식이 사대주의자라 중국 측의 기록만 가 져다 쓴 것이라고 반박했지요. 한편 피고 측은 영류왕이 중국에 당당 히 맞서지 않았기 때문에 피고가 반발한 것이라고 주장했는데요. 이에 대해 원고인 영류왕은 당시의 국제 정세와 고구려 국내 사정을 설명하 며 자신의 행동이 최선이었다고 주장했습니다. 그럼 이쯤에서 원고 측 과 피고 측 증인들을 만나 이야기를 나눠 보겠습니다.

김부식

　　요즘 한국사법정에 자주 불려 다녔더니 정
말 피곤하네요. 그래도 연개소문의 정체를 밝히
는 일이라기에 피곤한 몸을 이끌고 여기까지 왔습니
다. 연개소문은 잔인하고 오만한 사람이었어요. 오죽하면 고구려 귀족
들이 연개소문이 대대로가 되는 것을 반대했겠습니까? 피고 측에서는
나를 사대주의자라고 비판하지만, 중국의 기록을 참고한 것이 왜 사대
주의가 되는지 모르겠습니다. 어느 나라의 기록이든 더 믿을 만한 기
록을 참고하는 것이 역사가의 자세 아니겠습니까? 아무튼 이번 기회
에 영류왕이 억울함을 풀고 패자의 마을에서 나왔으면 좋겠네요. 그럼
나는 피곤해서 이만……

신채호

연개소문은 영웅 중의 영웅이었어요. 왕에 대한 작은 의리보다 나라에 대한 큰 충성이 더 중요한 것은 너무나 당연한 진리이지요. 국가 기밀인 봉역도까지 지나에 바친 영류왕이 무슨 할 말이 더 있다고 소송을 걸었는지 모르겠소이다. 그리고 당시 지나는 수나라에서 당나라로 넘어가는 혼란기였어요. 그런 혼란기에 먼저 공격할 생각은 안 하고 지나가 시키는 대로 하기에만 바빴으니 연개소문이 당연히 화가 나지 않겠소? 영류왕은 당시 국제 정세가 험했다고 하지만 그것도 다 핑계에 불과하오. 영류왕은 수나라를 물리친 을지문덕 장군을 직접 옆에서 봤으면서도 어떻게 당나라에 조공을 바칠 생각을 했는지 모르겠소이다.

왜 연개소문은 영류왕을 배반했을까?

연개소문은 고구려를 강하게 만들었을까?

1. 연개소문은 고구려를 어떻게 이끌었을까?
2. 고구려는 당나라의 침공을 어떻게 물리쳤을까?
3. 신라는 왜 당나라와 동맹을 맺었을까?

1

연개소문은 고구려를
어떻게 이끌었을까?

판사   여러분, 일주일 동안 다들 잘 지내셨나요? 오늘도 많이들 오셨군요. 변함없이 재판에 관심을 쏟아 주시니 감사합니다. 그럼 재판을 시작하겠습니다.

오늘은 피고 연개소문이 원고 영류왕을 시해하고 정권을 잡은 후 과연 고구려를 바르게 이끌었는지, 고구려가 당나라의 침공을 물리친 것은 연개소문의 힘이었는지에 대해 살펴볼 예정입니다. 그러면 피고 측과 원고 측, 어느 분부터 변론하시겠습니까?

김딴지 변호사   판사님, 저부터 하겠습니다. 피고와 몇 가지 이야기를 하고 싶습니다.

판사   그렇게 하십시오.

김딴지 변호사   피고는 영류왕을 시해하고 대막리지에 오른 642년

     왜 연개소문은 영류왕을 배반했을까?

부터 666년 사망할 때까지 25년간 고구려의 최고 권력자로 나라를 나스렸는데요, 백성 입장에서 보면 피고가 집권했던 25년은 무시무지 괴로운 시간이었을 것 같습니다. 거의 해마다 전쟁이 있었으니까요. 안 그렇습니까, 피고?

연개소문   그렇게 볼 수도 있겠지요. 하지만 반대로 생각하면, 그렇게 당나라가 우리를 못 잡아먹어서 안달하는 가운데 거의 매년 국가적 위기를 겪으면서도 27년이나 꿋꿋이 버틴 것이지요.

김딴지 변호사   흐흥, 역시 말솜씨는 좋습니다. 칼을 다섯 개씩 품고 다녔다더니 입속에도 하나 숨겼던 모양이군요. 아무튼 백성이 힘든 건 전쟁 때문만이 아니었지요. 기록에 따르면 당시 연거푸 흉년이 들어 굶주리는 백성이 많았어요. 정치가들마저 백성을 따뜻하게 위로하지는 못할망정 지친 백성의 고혈을 짜내 사치와 방탕을 일삼았다고 합니다. 피고, 이것이 당신이 왕을 시해하고 권력을 잡은 정치의 실체입니까?

연개소문   기록이라니 어떤 기록 말씀인가요? 아아, 지난 재판에 증인으로 나온 김부식 대감이 사랑하고 숭배하는 중국 사람들이 남긴 기록 말인가요? 하하. 죽어서 여기 저승에 있다 보니 재미있는 말을 많이 들어요. 가령 내가 죽고 나서 한 1000년쯤 뒤인가…… 서양의 백인들이 아메리카 인디언들의 땅을 빼앗고 그들을 마구 학살하면서 "인디언들은 잔인무도한 식인종이다"라고 이야기했다고 해요. 그러니까 강제로라도 우리 백인들이 그들을 굴복시켜서 사람 잡아먹는 짓을 그만두게 해야 한다고 말이죠. 하지만 그것은 어떻게든 침략하기 위한 새빨간 거짓말에 불과했고, 실제로 식인 풍습 따위는 없었죠. 당나라가 고구려를 공격하려고 할 때 우리 고구려에 대해서, 그리고 나 연개소문에 대해서 어떤 이야기를 했을지 상상해 보시죠.

김딴지 변호사　　그러니까 피고는 사치도 탄압도 없었고 나라를 잘 다스렸다, 이 말입니까?

연개소문　　내가 집권할 당시는 당나라의 침입이 끊이지 않는 힘겨운 세월이었지요. 그렇지만 모두들 나를 믿고 끝까지 잘 따라와 주었습니다. 내가 포악하고 사치를 부리며 백성을 괴롭히는 정치를 했더라면…… 글쎄요, 그렇게 힘든 상황에서 과연 25년이나 정권을 지킬 수 있었을까요?

김딴지 변호사　　역시 말은 잘하십니다. 하지만 거기에는 왠지 다른 이유가 있을 것 같거든요. 피고는 정권을 잡고 스스로 대막리지가 되었다는데, 대막리지가 뭐죠?

연개소문　　앞서 내가 대대로가 되었다고 했는데, 대대로는 귀족 회의의 의장 같은 것으로 왕 다음으로 높은 직책이지요. 요즘으로 말하면 총리쯤 될까요. 막리지라는 게 또 있었는데 이것은 군 최고 사령관을 뜻합니다. 비상시에 설치했다가 평화로운 시기에는 없앴고, 대대로가 겸임하기도 했지만 반드시 그러지는 않았죠. 그런데 아시다시피 내가 집권했을 때는 안팎으로 불안한 비상시국이었기 때문에, '대막리지'라는 이름으로 대대로와 막리지의 권한, 즉 정치와 군사의 권한을 통합해서 행사했습니다.

　왜 연개소문은 영류왕을 배반했을까?

김딴지 변호사　　한마디로 '독재자'였다는 거군요?

연개소문　　삐딱하게 보면 그렇게 볼 수도 있지요. 아무든 당시 상황이 평상시와는 다른 특별한 상황이었음은 부정할 수 없는 사실입니다.

김딴지 변호사　　모든 독재자가 다 그렇게 말하지요. 상황이 특별해서 할 수 없이 독재를 한다고요. 결코 사심이 있어서 그러는 게 아니라고요. 하지만 피고는 고구려의 지방 분권 전통을 없애 버리고 자신의 측근들이 지방을 마음대로 다스리게 했죠. 지난주에 나와서 그토록 피고를 찬양했던 신채호 선생도 "고구려 900년 동안 제왕도 가지지 못한 권력을 가진 단 한 사람이다"라고 평가했을 정도로 한 손에 모든 권력을 틀어쥔 거죠.

연개소문　　거듭해서 말하지만 당시로서는 어쩔 수 없었습니다. 당나라가 언제 침공해 올지 모르는데 귀족들이 사방에서 아우성대고 불평불만을 토로하는 것을 어떻게 다 들어줍니까? 불순한 음모를 꾸밀 수도 있고요.

김딴지 변호사　　불순한 음모라. 스스로 그런 음모로 권력을 잡았으니 과연 겁이 나셨겠지요. 아무든 피고는 단순한 독재 체제뿐 아니라 족벌 체제까지 만들었습니다. 본인이 대막리지가 되고 다시 아들들에게 막리지 벼슬을 주어서 군사 지휘권을 가지도록 했지요. 결국 피고의 계승자가 된 남생은 아홉 살 때 벌써 벼슬을 얻더니 젊은 나이에 **중리대형**이 되어 모든 관직의 임명을 주관했고, 막리지이자 삼군 대장군을 겸한 상황에서 피고를 이어받아 고구려의 독재자가 되

> **중리대형**
> 중리대형은 고구려 말기의 14관등 가운데 제7위인 벼슬입니다. 중리대형이 될 당시 남생의 나이는 18세 정도였다고 합니다.

었죠. 다른 아들 남건, 남산도 나이에 어울리지 않는 큰 벼슬을 갖고 있었고요. 피고는 여기에 대해서 할 말이 있습니까?

연개소문 뭐, 특별히 없습니다. 독재라 생각하면 독재라고 하지요. 하지만 모든 것은 고구려를 위함이었습니다. 내가 다시 태어나 또 그런 시대를 맞이한다면 나는 다시 그렇게 할 것입니다.

김딴지 변호사 잘 알겠습니다. 하지만 저는 만약 다시 태어난다면 피고와 같은 시대에 태어나지는 않았으면 좋겠군요. 이상으로 질문을 마치겠습니다.

판사   피고 측 변호인, 변론하십시오.

이대로 변호사   저는 피고에게 특별히 물을 것은 없습니다. 피고가 그런 체제는 어쩔 수 없는 것이었다고 했는데, 그 점을 보충하기 위해 증인을 한 분 신청하겠습니다.

판사   그러세요. 어떤 분인가요?

이대로 변호사   다름 아닌 민족의 영웅, 광개토 대왕이십니다!

광개토 대왕이 법정에 등장하자 관객들이 깜짝 놀라며 "와! 와!" 하고 소리를 질렀다. 곧이어 법정은 환호성과 박수 소리로 떠나갈 듯했다.

"광개토 대왕 만세!" "대왕님, 멋쟁이! 어머, 얼굴도 어찌 저리 잘 생기셨을까?"

열광적인 분위기 속에서 광개토 대왕이 증인 선서를 하고 증인석에 앉자, 이대로 변호사가 어느 때보다 정중한 태도로 다가가 질문했다.

이대로 변호사   안녕하십니까, 광개토 대왕님. 이렇게 뵙게 되어 영광입니다.

광개토 대왕   허허, 나도 영광이오.

이대로 변호사   고구려가 어떤 나라였는지, 오랜 세월 동안 고구려는 어떤 방식으로 생존하고 또 번영해 왔는지를 증인에게 듣고 싶습니다.

광개토 대왕　　흐음. 간단히 말하자면 고구려는 싸움의 나라였다고 하겠소.

이대로 변호사　　싸움의 나라요? 좀 더 구체적으로 말씀해 주시겠어요?

광개토 대왕　　우리 고구려는 오직 싸움으로만 나라를 지킬 수 있었고 싸움으로만 풍요를 누릴 수 있었다는 이야기요. 고구려에는 소위 '좌식자(坐食者)'라는 무리가 있었소. 문자의 뜻은 '일하지 않고 앉아서 먹고 사는 사람들'이지요. 백수건달이냐 하면 그게 아니라, 오직 전쟁만을 위해 사는 군인들을 말하는 것이오. 평상시에는 무예나 닦을 뿐 농사나 상업 같은 일을 하지 않다가, 전쟁이 나면 전쟁터에 나가서 용감하게 싸우는 사람들이지요.

이대로 변호사　　쉽게 말하면 직업 군인이로군요.

광개토 대왕　　그렇소. 요즘에는 어디나 직업 군인이 있지만 당시에는 상당히 드물었소. 이런 전쟁 전문가들이 있었기에 고구려가 중국을 너끈히 이길 수 있었던 거요. 중국 군대는 숫자는 많았지만 평소에 농사짓느라 군사 훈련을 제대로 받지 못한 사람들이 억지로 전쟁터에 끌려 나온 경우가 대부분이었소. 그러니 오직 전쟁을 위해 사는 고구려 용사들의 상대가 될 수 없었지요. 그뿐이 아니오. 어지간해서는 전쟁터에 나가지 않는 여자나 어린아이조차 말 타고 무기 다루는 데 능숙했고, 일상생활에서도 걷거나 뛰는 동작이 하나하나 절도가 있었소. 말하자면 고구려는 국민 전체가 하나의 군사 집단이나 다름없는 나라였소.

이대로 변호사　　고구려가 왜 그토록 강했는지 이제 알겠습니다. 그런데 한편으로는 왜 그렇게 전쟁을 많이 했는지 의문도 드는데요. 평화롭게 사는 것은 불가능 했나요?

광개토 대왕　　허허, 누군들 평화를 사랑하지 않았겠소. 하지만 어쩔 수가 없었어요. 우선 고구려의 입지를 생각해 보시오. 북으로 부여, 숙신, 선비, 거란 등 억센 종족이 있고, 서쪽으로 인구와 물자가 끝없이 많은 중국이 있으며, 남으로는 기름진 평야를 가진 백제와 신라가 있었소. 그에 비해 고구려는 농사를 짓기에는 너무 춥고 험한 산골이었지요. 요새가 되기에는 좋지만 평화롭게 정착해 살기에는 나쁜 땅이었소. 당연히 인구도 많지 않았고. 이런 판국에 사방에서 강한 적들이 노리고 덤비니 어찌하겠소? 항상 무예를 갈고 닦으며 전쟁에 대비할 수밖에.

이대로 변호사　　잘 알겠습니다. 그렇다면 만약 고구려가 전쟁보다는 외교를 통해, 그것도 강한 나라에 머리를 조아리는 굴욕적인 외교를 통해서 생존하려 했다면 어떻게 보아야 할까요?

광개토 대왕　　뭐라고? 그건 고구려가 아니오! 그리고 그런 식으로 머리를 조아리면 나라 꼴이 어떻게 되겠소? 큰 나라가 하라는 대로 할 뿐인, 힘도 매력도 없는 나라, 그따위 나라는 존재할 필요가 없소.

이대로 변호사　　역시 광개토 대왕님이십니다. 제 생각도 대왕님과 같습니다. 하지만 만약 세력 차이가 너무 커서 정면으로 맞서기가 어렵다면, 그때는 어떨까요?

광개토 대왕　　어렵다고만 생각하면 한없이 어렵고, 반대로 생각하면 어둠 속에서도 길이 보이는 법이오. 내가 고구려의 왕이 되었을

때도 사정이 좋지는 못했소. 불과 20년 전에 백제의 공격으로 고국
원왕께서 전사하셨고, 이후 방어에만 전념하여 국세를 떨치지 못하
고 있었소. 그러나 이길 수 있다, 반드시 이긴다는 생각으로 왕에서
일반 백성까지 일치단결하여 이를 악물고 싸운 결과 동방의 최강국
인 고구려가 이루어졌던 것이오.

이대로 변호사　　참으로 훌륭한 말씀 감사합니다. 이것으로 질문을
마치겠습니다. 지금 증인이 말씀하신 것들의 의미를 모르는 분은 아
마 안 계시리라 여겨집니다. 한마디로 원고는 어리석게 행동했고,
피고는 해야 할 일을 했던 것입니다!

　　왜 연개소문은 영류왕을 배반했을까?

김딴지 변호사가 콧방귀를 뀌며 자리에서 일어나 증인에게 다가 갔다.

김딴지 변호사   안녕하십니까. 이 재판의 원고 측 변호를 맡은 김 딴지입니다. 저도 개인적으로 광개토 대왕님을 늘 존경해 왔습니다. 이 자리에선 원고 측 변호인의 입장에서 몇 가지 질문을 드리고자 합니다.

광개토 대왕   얼마든지 물어보시오.

김딴지 변호사   고구려는 오직 싸움으로 지탱했던 나라라고 하셨 는데요. 동서남북에 다 적이 있었다고도 하셨고요. 그러면 그 동서 남북의 적을 닥치는 대로 치고 부수고 깨트리셨던 겁니까?

광개토 대왕   고구려가 아무리 강해도 닥치는 대로 그럴 수는 없었 지요. 적당히 기회를 봐서 이쪽과는 화친하고 저쪽을 공격하는 그런 식이었소.

김딴지 변호사   말하자면 무력뿐만 아니라 교묘한 외교적 술책도 필요했다는 말씀이시군요?

광개토 대왕   그렇다고 할 수 있지요. 여러 곳의 적들이 손잡고 한 꺼번에 쳐들어오면 감당할 수 없을 것 아니오? 그래서 교묘하게 그 들의 사이를 벌어지게 만들기도 했어요. 서로 싸우고 견제하느라 힘 이 빠져서 우리를 공격할 여유가 없도록 말이에요. 여러 세력들 사 이에 하나가 갑자기 강해지면 다른 쪽을 도와서 새로운 강자를 억누 르기도 했고요. 예를 들어 백제가 강할 때는 신라와 손잡고 백제를 제압했죠. 그러다가 이후에 신라가 강해지자 그때는 또 백제와 손잡았고요.

김딴지 변호사　　그랬군요. 그렇다면 중국, 그것도 하나로 통일된 중국과 정면 대결을 하고 동시에 신라나 백제와도 맞서 싸웠다면 그것은 아주 어리석은 일이 아니었을까요?

광개토 대왕　　그랬겠지요. ▶사실 내가 살아 있을 때는 중국이 여러 갈래로 갈라져 있었소. 그래서 그들 사이를 교묘히 조정하는 한편 때로는 이쪽, 때로는 저쪽을 치면서 영토를 넓힐 수 있었죠. 하지만 그때 중국이 통일되어 있었다면 과연 어땠을지…… 게다가 중국과도 싸우고 한반도 남부와도 싸우려 했다면 당연히 어리석은 일이오. 한쪽 적만 상대하기도 버거운데 양쪽을 모두 상대하려 들다니, 누가 그런 바보 같은 전략을 쓴단 말이오?

연개소문과 이대로 변호사가 초조한 얼굴빛으로 팔짱을 꼈다.

김딴지 변호사　　네, 그렇군요. 이제 의문이 풀리는 것 같습니다. 마지막으로 한 가지만 더 묻겠습니다. 고구려는 불교 국가였지요?

교과서에는

▶ 광개토 대왕 이후 장수왕 때는 중국 남북조와 각각 교류하며 두 세력을 조종하는 외교 정책을 썼습니다. 이로써 고구려는 중국을 견제할 수 있었지요.

광개토 대왕　　그렇소만.

김딴지 변호사　　고구려는 삼국 중 가장 먼저 불교를 받아들인 나라이지요?

광개토 대왕　　물론이오. 불교는 참으로 깊이 있는 종교로서 전쟁터에서 시달린 마음을 잘 어루만져 주었지요. ▶그리고 그 밖에도 고구려나 백제, 신라 왕실이 불교를 받아들이고 후원한 이유는 또 있었소. 부처에게 마음을 다해 귀의하듯이 왕에게도 마음을 다해 충성하라고 백성을 가르칠 수 있었기 때문이오. 그래서 삼국 모두 불교가 왕성할 때 가장 발전된 모습을 보였지요.

김딴지 변호사　하지만 아쉽게도 고구려에는 굳이 당나라에 요청해서 도교를 새로 받아들이고 도교의 도사에게 절을 내주고 그것도 모자라 원래 주인인 승려들을 내쫓은 권력자가 있었습니다.

광개토 대왕　새로운 종교를 받아들이는 것은 좋소만 절을 비우고 강제로 스님을 내쫓다니…… 누군지 몹쓸 짓을 했구려. 불교 신자로서도 불쾌하지만, 고구려 왕이었던 사람으로서 듣기에 불편하오.

김딴지 변호사　아마도 왕에게 충성하라는 불교의 가르침을 좋아하지 않았던 권력자였겠지요. 그렇게 도교를 숭상하고 불교를 억압한 결과 **보덕**이나 **혜량** 같은 유명한 승려들이 실망해서 백제와 신라로 망명하기도 했답니다.

광개토 대왕　허허! 누군지 내가 안다면 저승에서라도 혼내 줄 것을!

연개소문은 눈을 지그시 감고 입술을 꽉 깨물었다.

보덕
연개소문이 당나라에서 도교를 들여와 불교를 억압하자 보덕은 백제로 가서 완산주(지금의 전주) 고대산에 경복사를 짓고 불교를 전파하고자 애썼습니다.

혜량
혜량은 원래는 고구려 승려였는데 신라에 귀화했습니다. 혜량은 대규모 불교 집회를 주도하여 민심을 하나로 모으는 역할을 했어요. 당시 왕은 승려들에게 왕권 강화의 정신적 지주 역할을 맡기기도 했답니다.

교과서에는

▶ 삼국은 왕권의 강화에 힘쓰며 불교를 수용했습니다. 불교는 새로운 국가 정신의 확립에 기여하고 왕권 강화를 이념적으로 뒷받침해 주었지요. 고구려는 372년, 소수림왕 때 불교를 수용했답니다.

김딴지 변호사　아까 말씀드린 그런 정치가 국민을 하나로 단결시키는 정치라고 보기는 어렵겠지요?

광개토 대왕　어렵다 뿐이오? 오히려 국민을 분열시키는 것이지!

김딴지 변호사　그렇지요. 분명히 그렇습니다. 끝까지 좋은 말씀 고맙습니다. 제 질문은 모두 끝났습니다.

　　광개토 대왕이 퇴장하자 김딴지 변호사는 싱글거리며 연개소문에게 다가가 물었다.

김딴지 변호사　아주 초조하셨지요? 광개토 대왕에게 혼쭐이 날까 봐 말입니다.

연개소문　내가 평생 존경해 오던 분과 공연한 오해 때문에 말을 섞기가 싫었을 뿐이오.

김딴지 변호사　말이 나와서 말인데, 도교는 왜 들여오신 겁니까? 그토록 미워하는 당나라에 사신까지 보내면서 말이죠.

연개소문　유교, 불교, 도교를 삼교라고 하는데 당시 고구려에는 유교와 불교만 있고 도교가 없어서 균형을 맞추려 했을 뿐이지 다른 뜻은 없었소. 더 이상 말하고 싶지 않소.

연개소문 집권 당시
고구려 연표

642년   연개소문이 영류왕을 시해함

643년   연개소문이 당나라에 사신을 보내 도교를 수입함

644년   당나라에서 사신을 보내 고구려가 신라를 공격하는 것을 제지함

연개소문은 이를 듣지 않고 사신을 감금

당태종이 고구려 침공에 나섬

645년   당나라 군대가 요동성을 함락하고 랴오허 강을 건넜으나 안시성에서 패배함

649년   당태종이 다시 한 번 대규모로 고구려를 공격할 준비를 하다가 병을 얻어 죽음

655년   백제, 말갈과 손잡고 신라를 공격

신라가 당나라에 구원 요청함

658년   당나라에서 설인귀를 보내 소규모 전쟁 치름

660년   당나라와 신라가 힘을 합쳐 백제를 멸망시킴

661년   연개소문이 말갈과 함께 신라를 공격함

당나라 군대의 침공에 고구려가 크게 패함

662년   연개소문이 군사를 이끌고 당나라 방효태와 싸워서 크게 이김

666년   연개소문 사망

남생이 연개소문을 대신해서 막리지가 됨

2. 고구려는 당나라의 침공을 어떻게 물리쳤을까?

김딴지 변호사 　피고 측 변호인이 놀랄 만한 분을 증인으로 모셨으니, 저희 쪽에서도 깜짝 놀랄 만한 증인을 불러 보도록 하죠. 판사님!

판사 　말씀하세요.

김딴지 변호사 　연개소문이 집권하던 당시에 고구려를 침공했다가 패배한 당나라의 태종을 증인으로 신청합니다.

　　방청석에서 놀란 듯한 속삭임이 들렸다.

　　"당나라 태종이면 여기서 별로 인기가 없을 텐데, 어쩌려고 법정에 나온 거지?"

　　"나도 몰라. 그 사람 속을 누가 알겠니?"

　　증인 선서를 하는 당나라 태종도 뭔가 개운치 않은 얼굴빛이었다.

　　왜 연개소문은 영류왕을 배반했을까?

그러나 다시 위엄 있는 표정을 짓고는 증인석에 앉았다.

정관의 치
당나라 제2대 황제 태종 이세민이 나라를 다스리던 때(626~649)를 말해요. 이때의 연호가 정관이어서 '정관의 치'라고 말하는데, 태종은 수나라 말기에 각처에서 일어난 반란과 어수선한 상황을 수습하여 태평 시기를 이루었답니다.

김딴지 변호사　안녕하십니까?

당태종　네, 안녕하십니까?

김딴지 변호사　▶증인은 중국을 다시 통일하고 '정관의 치'라는 훌륭한 정치를 이룩해 낸 중국 역사상 가장 뛰어난 군주였다고 들었습니다.

당태종　하하. 뭐, 남들이 못하는 일을 많이 해내기는 했지요.

김딴지 변호사　가령 고구려 정복 같은 일 말이지요?

당태종　에헴, 에헴!

김딴지 변호사　일단 묻고 싶은 것은, 대체 왜 고구려를 정복하려 했던 것이죠?

당태종　뭐, 고구려 땅 자체가 별로 탐이 나지는 않았소이다. 중국은 땅이 넓으니까요. 다만 고구려가 북방 민족과 한 덩어리가 되어 당나라에 맞설까 봐 그것이 걱정스러웠지요.

김딴지 변호사　그게 무슨 뜻이죠?

당태종　중국은 옛날부터 흉노, 선비, 돌궐, 몽골 등의 북방 민족과 대결해 왔지요. 당시 우리 당나라도 돌궐과 맞서고 있었고요. 그런데 만약 고구려가 이들과 손잡고 북쪽과 동쪽에서 동시에 공격이라도 해 온다면……. 그래서 고구려가 제발 얌전히 있어만 주면 좋겠다 싶었는데, 자꾸 이 당나라 천자의 명령을 우습게 여기고 사신을 잡아 가두기

교과서에는

▶ 당나라 제2대 황제 태종은 율령을 정비하고 국가의 기초를 확립했습니다. 이로써 당나라는 정치적 · 문화적 면에서 주변 국가의 중심이 되었지요.

까지 하니…… 그래서 원정을 하지 않을 수 없었소이다.

김딴지 변호사   그 말씀은, 만약 영류왕처럼 당나라와 계
속 화친했다면 굳이 고구려를 침공하지 않았을 거라는 뜻
인가요?

당태종   그렇죠. 앞서 수나라 양제가 네 차례나 고구려를 침공했
다가 망신만 톡톡히 당했을 뿐 아니라 그게 화근이 되어 아예 나라
가 망한 것을 보았으니까요. 그러니 만약 고구려가 우리를 적대시하
지 않고 대국의 체면만 세워 주었다면 아마 침공하지 않았을 겁니
다. 당시 우리는 수나라보다 모든 면에서 뛰어났기 때문에 이길 자
신은 있었지만, 그래도 고구려가 힘든 상대인 건 틀림없었으니까요.
비슷한 상황이 나중에도 벌어졌습니다. 가령 거란이 송나라와 싸우
며 고려를 침공할 때와, 후금이 명나라와 싸우며 조선을 침공할 때
등이지요.

김딴지 변호사   당나라가 고구려를 공격할 때 겉으로 내세운 침공
의 명분은 따로 있었죠?

당태종   ▶네. 연개소문이 왕을 시해하고 대신들을 살육
했으며 백성을 가혹하게 다루고 있어 천자 된 입장에서 도
저히 두고 볼 수 없다는 점을 강조했죠.

김딴지 변호사   그렇다면 연개소문의 행동이 전쟁의 원
인을 제공한 것이군요?

당태종   그렇습니다.

김딴지 변호사   고구려 원정 과정을 좀 더 자세히 듣고 싶

교과서에는

▶ 당나라는 연개소문이 영
류왕을 죽이고 정변을 일으
킨 것을 구실로 고구려에
쳐들어왔습니다. 당태종은
육군과 수군을 모두 동원하
여 고구려를 양쪽에서 공격
했어요.

습니다. 병력의 규모는 얼마나 됐나요?

당태종　음, 우선 형부상서 장량에게 수군 지휘권을 주고 평양을 공격하게 했는데 그 병력이 4만, 내가 친히 이끈 육군이 6만, 그리고 항복해 온 돌궐과 거란의 병력이 있었고, 신라·백제·거란 등에 조서를 내려 각기 고구려를 공격하도록 했으니, 통틀어 한 15만에서 30만 정도 되지 않았나 싶소이다.

김딴지 변호사　네? 그러면 당시 신라뿐 아니라 백제도 당나라와 손잡고 고구려와 싸웠단 말입니까?

당태종　그럼요. 백제는 나만 입을 수 있는 황금 갑옷을 포함해 우리 병사들이 입을 갑옷을 만들어 바치기까지 했다오. 하지만 정작 병력 동원에는 응하지 않고, 신라가 나의 조서에 따라 고구려를 공격하는 틈을 타서 신라를 공격했지요.

김딴지 변호사   으음, 몰랐던 사실이군요. 아무튼 그렇다면 100만 대군을 동원했던 수나라 양제 때보다는 병력이 적었던 셈인데요.

당태종   수양제는 무식하게 머릿수로만 밀어붙였죠. 하지만 내가 누굽니까? 병법에서는 둘째가라면 서러울 당태종 아닙니까? 그래서 병력을 효과적으로 적절하게 사용했죠. 당시 연개소문이 도합 25만의 병력을 동원했으니 머릿수로는 우리에 비해 떨어지지 않았는데 연전연패한 거죠. 하하핫!

당태종은 기분이 좋은 듯 너털웃음을 지으며 방청석을 돌아보다가 싸늘한 눈초리를 느끼고 이내 풀이 죽었다.

김딴지 변호사   흠, 연전연패라. 많은 사람이 고구려군이 용감하게 싸워서 수적으로 우세한 당나라군을 물리쳤다고 믿고 있는데, 그게 아니었다는 건가요?

당태종   그럼요. 우리 군대는 고구려의 10개 성을 함락시켰고, 고구려 군사 1만 명, 일반 백성 7만 명을 포로로 잡아 당나라로 데려왔소이다. 고구려의 전사자도 정확히는 모르지만 최소한 몇만 명, 특히 고구려를 돕던 말갈 군사는 3300명을 산 채로 파묻어 버렸죠. 가장 통쾌했던 것은 연개소문이 보낸 주력 부대와 겨룬 주필산 전투였

왜 연개소문은 영류왕을 배반했을까?

어요. 처음에는 고구려군과 말갈군의 진영이 40리에 뻗쳐 있어 그 웅장한 기세에 나도 모르게 두려움을 품을 정도였는데, 효과적으로 병력을 나누어 공격해서 보기 좋게 이겼죠. 고구려 고구려 하더니 별것 아니구나 하는 생각이 절로 들었어요.

"뭐야? 누가 저 사람 불렀어?"

"그따위 소리 하려거든 썩 나가!" 하는 소리가 방청석에서 시끄럽게 들렸다.

판사　조용, 조용! 증언을 방해하지 마세요!

김딴지 변호사　그렇게 고구려군을 연전연패시켰는데, 어쩌다가 뜻을 이루지 못하고 퇴각하게 된 거죠?

당태종　▶모든 게 다 안시성 때문이었죠! 무엇보다 내 실수가 컸소이다. 이미 10개 성을 빼앗아 고구려의 방어선이 거의 다 무너졌는데, 그대로 평양으로 진격하자는 건의를 물리치고 안시성을 빼앗으려 하다가 그만 발목을 제대로 잡힌 것이죠. 그때 잘만 판단했더라면 고구려 멸망을 이 두 눈으로 보았을 것을…….

김딴지 변호사　그러게요. 뭘 보더라도 '두 눈'으로 보셨겠지요. 안시성 전투를 선택하신 덕분에 한쪽 눈에 화살을 맞아 애꾸가 되셨으니 말입니다!

당태종이 반사적으로 한쪽 눈을 손으로 가렸다. 그리고

교과서에는

▶ 안시성은 고구려 서쪽 변경의 중요한 요새였어요. 당나라 군대는 안시성을 완전히 포위하고 공격했지만 함락할 수 없었지요. 안시성 사람들은 모두 굳게 저항하여 끝내 당나라 군대를 물리칠 수 있었습니다.

기분이 나쁜 듯 '끙' 하는 소리를 냈다.

충차
적진의 성을 공격할 때 쓰던 수레의 일종으로 앞, 뒤, 옆, 위가 온통 쇠로 덮여 있어 세게 부딪쳐 성벽을 무너뜨릴 때 사용했다고 해요.

발석거
적에게 돌이나 불덩어리를 날려 보내는 무기입니다. 투석기라고도 합니다.

김딴지 변호사　　안시성에서는 어떻게 싸움이 진행되었죠?

당태종　　처음에는 이런 성이야 하루면 빼앗을 수 있다고 생각했죠. 그런데 의외이더라고요. 성 자체도 튼튼했지만, 장수와 병사, 백성이 한 덩어리가 되어 필사적으로 우리와 맞섰죠. 이것도 내 실수가 커요. 처음 안시성에 도착해 보니 안시성 사람들이 성 위에서 북을 두드리며 나를 놀려 대지 뭡니까. "수나라 양제 또 한 놈 납시오!" "천자라는 놈이 뭘 얻어먹을 게 있다고 여기까지 기어 왔냐?" 하고 말이죠.

김딴지 변호사　　약이 올랐겠군요.

당태종　　네. 그만 화가 머리끝까지 치밀어, 성을 빼앗기만 하면 남자들을 모조리 죽여 버리겠다고 선언했습니다. 그런데 그 말을 듣고는 성안 사람들이 정말 죽을힘을 다해 싸우더라고요. 우리가 **충차**와 **발석거**를 써서 성벽 일부를 가까스로 깨트려 놓으면 어느새 벌떼같이 달려들어 목책을 세워 깨진 틈을 막았으니, 어지간히 악착스럽지 않으면 그렇게 못하죠.

김딴지 변호사　　들자 하니 안시성 전쟁 때 흙으로 산을 쌓았다던데요.

당태종　　▶성이 쉽게 함락되지 않으니 비상수단을 써 봤죠. 밤낮을 가리지 않고 흙으로 산을 쌓았어요. 안시성 성벽보다 높은 흙산에서 성안으로 불화살과 돌을 날려 보내

교과서에는

▶ 당나라 군대는 안시성에서 50만 명을 동원하여 60여 일 동안 흙으로 높은 산을 쌓았어요. 이를 발판으로 안시성을 공격하려 했지만 결국 실패했습니다.

성을 초토화시킬 생각이었죠. 그런데 막 다 만들어 놓은 흙산이 그만 와르르 무너졌지 뭡니까. 마침 흙산을 지기던 녀석은 자리를 비웠고 말이지요. 그래서 우리 군사가 어쩔 줄 모르는 사이에 고구려군이 뛰쳐나와 흙산을 점령해 버렸어요. 그리고 우리가 애써 쌓은 그 흙산을 자기네 진지로 삼아서 우리한테 화살을 날려 대니 견딜 수가 있어야죠. 마침 겨울이 다가오고 군량도 떨어져 가고 해서 할 수 없이 후퇴하라고 명령했지요.

김딴지 변호사　　그러면 증인은 승리를 거듭하다가 결국 안시성 전투에서 패하여 후퇴한 거네요. 그 과정에서 연개소문은 별 역할을 하지 못했나요?

당태종　　연개소문이 추려서 보낸 고구려의 주력군은 우리에게 처참하게 박살이 났어요. 그다음에는 연개소문이 어떻게 해 보고 싶어도 방법이 없었지요. 우리가 당나라로 돌아가는 길에 추격병이 없는 것은 아니었지만 그리 대단치는 않았어요. 추운 날씨와 창, 웅덩이가 더 문제였죠. 그때 고생을 많이 했소이다. 결국 병을 얻었고, 그게 악화되어 죽고 말았지요.

김딴지 변호사　　한쪽 눈을 맞은 상처가 악화되어 돌아가신 게 아니라고요?

당태종　　…….

김딴지 변호사　　하하, 그 부분은 별로 말씀하시고 싶지 않은가 보군요. 하긴 별로 중요한 것도 아니죠. 참, 당나라로 돌아가려고 퇴각에 나서니까 안시성 성주가 성벽 위에 올라가 인사를 드렸다지요?

당태종　　네, 그랬지요. 적장이지만 훌륭히 싸웠고, 마지막에 천자에게 공손히 예를 표하는 모습이 기특해서 비단 100필을 선물로 남기고 떠났지요.

김딴지 변호사　　공손히 예를 표했다고요? 정말 그랬을까요? '욕봤네, 잘 가! 메롱! 용용 죽겠지!' 사실은 뭐 이런 뜻 아니었을까요?

당태종　　……..

김딴지 변호사　　하하하. 뭐 그것도 중요한 것은 아니죠. 증인의 증언에서 중요한 점은 피고 때문에 고구려가 피할 수도 있었던 전쟁에 말려들었다는 사실, 그리고 피고가 잘해서 당나라를 물리친 것이 아니라 안시성이 잘 싸워 주었기 때문이라는 사실이죠! 이상으로 질문을 마칩니다.

판사　　피고 측에서는 질문 없습니까?

이대로 변호사　　없습니다. 저희는 다른 증인을 통해 반론하겠습니다.

판사　　증인은 돌아가셔도 좋습니다.

당태종이 일어서서 법정을 나가는데, 김딴지 변호사가 빙긋 웃으며 옛날 중국식으로 고개를 숙여 절했다. 안시성 성주를 흉내낸 김딴지 변호사의 모습을 보고 방청객들은 웃음보를 터뜨렸다. 당태종은 부끄러웠는지 얼굴이 시뻘게져서는 후다닥 법정 밖으로 나가 버렸다.

이대로 변호사　　당나라와의 전쟁이 실제로 어떻게 이루어졌는지 한쪽 주장만 들어서는 곤란하다고 봅니다. 그래서 이 전쟁의 또 다른 영웅이신 양만춘 안시성주를 증인으로 신청합니다.

아까 광개토 대왕 때보다는 못하지만 양만춘 성주가 등장하자 방청석에서는 환영의 박수가 쏟아져 나왔다.

이대로 변호사　안녕하십니까, 양만춘 성주님!

양만춘　네, 안녕하십니까?

이대로 변호사　민족사에서 빛나는 승리 중 하나였던 안시성 전투의 주인공을 이 자리에서 뵈니 감개가 무량합니다.

양만춘　별말씀을요. 나는 아무것도 한 게 없습니다. 그저 병사들과 백성들이 열심히 싸워 준 덕분이죠.

이대로 변호사　겸손하시기까지! 자, 그럼 몇 가지 여쭙겠습니다. 안시성 전투는 분명 당나라의 고구려 침공을 좌절시킨 중요한 전투였죠?

양만춘　네. 아마도 안시성에서 패하지 않았다면 당나라 태종이 발길을 돌리지는 않았겠죠.

이대로 변호사　그렇다면 앞서 당나라 태종이 증언한 대로 안시성에 이를 때까지 당나라 군대가 연전연승했으며 오직 안시성 전투에 패배해서 물러났다, 그 과정에서 피고는 별 역할을 하지 못했다, 이렇게 볼 수 있는 것인가요?

양만춘　그것은 사실과 조금 다릅니다.

이대로 변호사　어떻게 다르지요?

양만춘　　당나라 태종은 당시 상황을 너무 단순히 설명하고 있습니다. 당나라가 반드시 연전연승한 것도 아니고, 연개소문의 공로가 없었던 것도 아닙니다.

이대로 변호사　　좀 더 자세히 말씀해 주시지요.

양만춘　　연개소문에게는 우선 당나라와의 전쟁을 총지휘한 공로가 있다고 봐야지요. 그리고 그 밖에도 두 가지 공을 더 세웠습니다. 첫째, 당나라의 수군을 격파했지요.

이대로 변호사　　수군이오?

양만춘　　그렇습니다. 앞서 당나라 태종은 4만 명의 수군으로 평양을 공격했다고 말했죠. 그리고 이후에 그들이 어떻게 되었는지는 말하지 않았죠?

이대로 변호사　　그러고 보니 그렇군요!

양만춘　　그들은 사성이라는 곳에 상륙했다가 연개소문이 보낸 군대에 격파되었습니다. 이것은 당나라의 전쟁 계획에 중대한 차질을 빚었습니다. 평양을 바다와 육지 양쪽에서 공격하려 했는데 수군을 쓸 수 없게 된 것이지요. 게다가 수군은 군량 수송도 담당하고 있었는데 그들이 격파됨으로써 당나라군 전체가 식량 부족에 처하게 됩니다.

이대로 변호사　　아하!

양만춘　　군량을 수군 편에 실어 보낸 것은 원래 당나라 태종의 꾀였습니다. 수나라 양제 때는 육로로만 수송했거든요. 다시 말해서 병사들이 자기가 먹을 군량을 짊어지고 행군했지요. 그런데 멀고 험한 길을 가다 보니 병사들이 지쳐서, 결국에는 굶주리게 될 것을 알면서도 식량을 버리고 가는 일이 많았지요. 수나라가 전쟁에서 패배한 원인이 거기 있었다고 본 태종은 이번에는 수군에게 식량 수송 임무를 맡기고 육군은 편하게 가도록 했는데, 그만 수군이 식량과 함께 결딴이 났으니…….

이대로 변호사　아, 그렇군요! 안시성 전투도 대단했지만 숨은 승리가 있었다는 사실을 이제야 알았습니다. 그럼 나머지 한 가지 공로는 무엇이었습니까?

양만춘　퇴각하는 당나라 군을 추격하여 격파한 것이죠. 아까 당나라 태종은 이 점을 얼버무렸지만, 당시 그는 강에 다리를 놓는 일을 몸소 도우며 한시라도 빨리 당나라로 돌아가려고 안간힘을 썼다지요. 고구려의 추격이 얼마나 매서웠으면 그랬겠습니까?

이대로 변호사　그렇군요. 피고의 공로가 전혀 없다는 원고 측의 주장이 얼마나 허무맹랑한 것인지 이것으로 명백히 드러났습니다. 값진 증언 감사드립니다.

판사　원고 측에서는 질문이 없습니까?

김딴지 변호사　없지 않지요! 저도 증인에게 묻고 싶은 게 있습니다. 양 장군님, 안녕하십니까?

양만춘　네, 안녕하십니까?

김딴지 변호사　증인은 피고와 같은 시대에 살면서 그의 사람됨과 정치를 똑똑히 보셨을 텐데요, 피고를 어떻게 평가하십니까? 영웅이었나요, 포악한 반역자였나요?

양만춘　음, 글쎄요…….

　왜 연개소문은 영류왕을 배반했을까?

김딴지 변호사 증인은 피고가 **쿠데타**를 일으켰을 때 그의 편에 서셨나요? 그래서 그 공모로 안시성주가 되신 건가요?

쿠데타
지배층의 일부 세력이 무력으로 정권을 빼앗는 일을 말합니다.

양만춘 아니, 그건 절대 아닙니다! 나는 오히려 그를 반대하는 쪽이었죠. 그래서 연개소문이 군대를 보내 나를 제거하려 했는데, 뜻대로 안 되니까 "이왕 이렇게 된 일, 나도 당신의 안시성을 건드리지 않을 테니 당신도 나를 건드리지 말라"고 통보해 오더군요.

김딴지 변호사 음…….

양만춘 나도 영류왕의 정책이 마음에 들지 않는 부분이 있었지만, 그러면 왕이 생각을 돌리시도록 설득을 해야 맞지, 신하 된 몸으로 반역하고 잔인하게 왕을 시해한다는 건 분명 잘못이라 보았지요. 그래서 '평양으로 쳐들어갈까' 하는 생각도 잠깐 했습니다만, 그래 봐야 영류왕께서는 이미 돌아가셨고, 여기서 고구려가 내전 상태에 빠지면 외적들만 유리하겠다 싶더군요. 그래서 결국 그의 제의를 받아들였습니다.

김딴지 변호사 그렇다면 피고에 대해 그리 좋은 감정을 갖고 계시지는 않겠군요. 피고 측에서도 그럴 거고요.

양만춘 그거야 아무래도…….

김딴지 변호사 그러면 혹시 이렇게 된 것 아닌가요? 증인은 분명 멸망할 뻔한 고구려를 구한 영웅인데, 그 뒤에 증인이 신라의 김유신처럼 고구려에서 영웅 대접을 받았다는 이야기는 없단 말이죠. 하도 기록이 없어서 안시성주가 과연 증인이 맞는가 하는 의심까지 생겼을 정도이고요. 그것은 혹시 증인을 시기하고 어려워한 피고가 증인을 탄압했기 때문이 아닌가요?

양만춘　　그 점에 대해서는 죄송하지만 별로 이야기하고 싶지 않습니다.

김딴지 변호사　　알겠습니다. 그럼 다른 질문을 드리지요. 결국 지금의 쟁점은 피고가 당나라와의 전쟁에서 큰 역할을 했는지 여부인데요. 증인은 앞서 그의 공로가 없지 않다고 하셨지요. 그렇다면 피고가 잘못한 점은 없었나요?

양만춘　　있었지요. 그것도 공로를 덮을 정도로 아주 많이요.

김딴지 변호사　　그게 무엇인지 말씀해 주십시오.

양만춘　　군사적인 과실보다는 정치적인 과실이었다고 할까요. 아시다시피 그가 무리하게 쿠데타를 하고 전통적인 체제를 뒤집어엎으면서 많은 반발이 일어났습니다. 평양을 중심으로 한 수도권은 대략 그의 지배하에 들어갔지만 지방은 꼭 그렇지만은 않았거든요. 연개소문도 이 점이 두려워서 지방에 있는 성주와 귀족들을 회유하거나 자기 말을 잘 듣는 사람으로 갈아치우려고 애를 썼죠.

김딴지 변호사　　증인이 제거될 뻔한 일도 그중 하나였겠군요.

양만춘　　그렇습니다. 그러다 보니 지방과 중앙 사이의 관계가 복잡해지고 혼란스러워졌어요. 전에 수나라 양제와 싸울 때는 한 성이 공격을 받으면 옆의 성에서 달려와 도와주며 단결된 모습을 보였는데, 이번에는 성들이 다 따로 놀았죠. ▶그중에는 백암성주처럼 싸워보지도 않고 당나라에 항복하는 사람까지 있었답니다. 그래서 당나

　　왜 연개소문은 영류왕을 배반했을까?

라 군이 처음에 그토록 손쉽게 승리할 수 있었던 거고요. 결국 명분에 어긋난 쿠데타와 무자비한 독재가 나라를 강하게 만들기는커녕 오히려 약하게 만든 것이죠.

백암성은 고구려 서부 지방의 주요 방위 성으로 당태종의 침입 때 당나라 영토로 편입되었습니다.

양만춘의 증언을 들으며 이대로 변호사가 한숨을 쉬었다. 연개소문은 담담한 표정이었다.

김딴지 변호사　정말 좋은 말씀을 해 주셨습니다. 그러면 이 전쟁 자체는 어떻게 보는 게 좋을까요? 피고 때문에 피할 수 있는 전쟁을 겪게 되었다고 봐야 하지 않을지요?

양만춘　그런 면도 없지 않아 있지요. 당나라와 무조건 사이좋게 지내려던 영류왕의 유화적인 정책도 문제가 있지만, 그렇다고 하루아침에 강경책으로 바꾼 연개소문에게도 문제는 있었다고 봅니다. 당나라는 언제고 고구려를 쳐들어왔을 겁니다. 그러니까 유화책만이 상책은 아니었겠지만, 구태여 대규모의 침공을 유발할 필요도 없었지요. 사실 당나라 태종이 패배했습니다만, 천하의 영웅이라 자처하던 그가 치욕적인 패배도 모자라 한쪽 눈까지 잃었으니 얼마나 창피하고 한이 맺혔겠습니까? 이제 당나라는 무슨 일이 있어도 고구려를 무너뜨리고 말겠다는 결심을 한 거죠. 그래서 당나라는 태종에서 고종에 이르기까

교과서에는

▶ 당나라는 안시성을 공격하기 전에 랴오허 강을 건너 요동성, 백암성 등을 차례로 함락했습니다.

지 거의 해마다 소규모 병력을 보내 고구려를 괴롭혔습니다. 그것을 막아 내느라 우리의 국력은 소모되었고, 백성들은 지쳐서 차라리 나라가 망했으면 좋겠다는 생각까지 하게 된 거죠.

김딴지 변호사　　　그렇군요. 이제 모든 것이 명백해진 것 같습니다. 귀한 말씀 정말 감사합니다.

　　양만춘은 증인석에서 일어나 연개소문을 잠시 바라보다가 퇴장했다. 연개소문은 꼼짝도 하지 않았다.

　　왜 연개소문은 영류왕을 배반했을까?

신라는 왜
당나라와 동맹을 맺었을까?

김딴지 변호사 　그러면 이제 조금 다른 이야기를 해 보죠. 고구려와 백제가 멸망한 원인이 무엇일까요? 누구나 알다시피 신라와 당나라의 동맹 때문이었습니다. 대륙과 한반도에서 동시에 공격해 오는 데에는 당해 낼 수 없었던 것이죠. 그러면 이 나당 동맹과 연개소문 사이의 관계에 대해 살펴볼까 합니다. 판사님, 증인으로 태종 무열왕 김춘추를 신청합니다.

　김춘추는 왠지 멋쩍은 표정으로 등장해 증인 선서를 했다.

김딴지 변호사 　어려운 걸음을 해 주셔서 감사합니다. 간단히 자기 소개를 해 주시죠.

김춘추　나는 신라 제29대 왕이었소. 당나라와 연합해 백제를 멸망시켰지요.

김딴지 변호사　증인은 김유신 장군과 함께 신라 삼국 통일의 주역이시죠?

김춘추　당시 김유신 공은 무력으로 백제와 고구려를 밀어붙이고, 나는 여러 나라를 돌아다니며 외교 활동을 펼쳐 통일의 기반을 닦았지요.

김딴지 변호사　그런 외교적 노력으로 맺은 가장 큰 결실이 648년에 신라와 당나라가 맺은 나당 동맹이 아닌가 싶은데요?

김춘추　네. ▶결과적으로 당나라의 힘을 빌려 고구려와 백제를 무너뜨린 것이지요. 나당 동맹이 없었으면 어려웠겠죠.

김딴지 변호사　그런데 그것이 본래는 나당 동맹이 아닌 나려 동맹, 즉 신라와 고구려 사이의 동맹이 될 수도 있었다고 들었습니다.

김춘추　네. 나는 당나라에 가기 6년 전에 고구려에 갔었습니다. 그때 연개소문을 만나 신라와 동맹을 맺지 않겠느냐는 제의를 했었지요.

김딴지 변호사　그러자 피고는 뭐라고 했나요?

김춘추　마현(지금의 춘성)과 죽령(지금의 단양과 영주 사이)은 본래 고구려의 땅인데 그 땅을 돌려주면 동맹을 생각해 보겠다고 했습니다.

김딴지 변호사　그래서 증인은 땅을 돌려주겠다고 하셨나요?

교과서에는

▶ 신라는 고구려와의 연합을 꾀하였으나 이에 실패하자 나당 연합군을 결성하여 백제를 공격했습니다. 660년에 백제를 멸망시킨 후 신라는 다시 당나라와 연합하여 고구려를 공격했어요.

김춘추　그럴 수야 없었죠. 일단 사신인 내게 그런 권한이 있을 턱이 없었고, 마현과 죽령은 고구려가 가장 남쪽으로 내려왔을 때 잠깐 차지했던 곳으로 우리 신라가 되찾은 지 100년이 다 되어 가는데, 이제 와서 내준다는 것은 말도 안 되었죠. 게다가 죽령의 경우 그곳을 차지하면 신라의 중심부로 곧장 치고 내려올 수 있는 전략적 요충지였거든요. 결코 들어줄 수 없는 요구였고, 그쪽도 우리 신라가 그런 요구를 들어줄 리 없음을 알았을 텐데도 그렇게 요구했던 걸 보면 동맹에 뜻이 없었던 거죠.

김딴지 변호사　그렇군요. 땅을 돌려달라는 요구를 거절하니 고구려는 어떻게 나오던가요?

김춘추　나를 감옥에 가두더군요. 별수 없이 **선도해**라는 사람에게 뇌물을 주며 "어떻게 좀 안 될까요?" 하고 말했더니 〈토끼와 자라〉 이야기를 들려주는 거예요. 토끼가 죽게 되니까 간을 육지에 두고 왔다고 거짓말을 해서 위기를 모면했다는 이야기 말이죠. 그 이야기의 숨은 뜻을 알아차린 나는 땅을 돌려주겠다고 거짓말을 했습니다. 그래서 풀려날 수 있었죠.

김딴지 변호사　그런데 조금 전에 증인은 신라가 들어줄 수 없음을 알면서도 피고가 그런 무리한 요구를 했다고 말씀하셨지요?

김춘추　네. 그건요, 내가 고구려로 떠나기 전에 김유신 공과 약속을 했었거든요. 내가 돌아오지 않으면 김유신 공이 고구려를 공격하기로요. 그래서 내가 60일이 지나도 돌아오지 않자 김 공은 결사대

선도해

『삼국사기』 김유신전에 등장하는 선도해라는 인물은 영류왕이 총애하던 신하였습니다. 신라가 백제를 치려고 고구려에 도움을 요청했는데 오히려 김춘추가 감옥에 갇히게 되자, 선도해는 김춘추로부터 청포 300보를 뇌물로 받고 〈토끼와 자라〉 이야기를 해 주었지요. 청포 300보는 요즘 시세로 수십억 원에 해당하는 큰 액수라고 하네요.

1만 명을 선발해 북쪽으로 올라갔죠. 잘못하면 공연히 전쟁이 날 상황인 데다, 어차피 나를 감금하는 것으로 동맹에 뜻이 없다는 점은 분명히 한 셈이니, 나를 정중히 대접하고 신라로 돌려보낸 거죠.

김딴지 변호사　　그랬군요. 그런데 만약 피고가 증인의 제안을 받아들여 나려 동맹이 성립되었다면 역사는 어떻게 바뀌었을까요?

김춘추　　신라와 고구려의 양면 공격을 받고 백제는 멸망했겠죠. 그랬으면 아마 지금의 충청도 지역은 고구려가, 전라도 지역은 신라가 차지했을 것이고요. 당나라로서는 신라와 고구려가 단합하고 있는 한 섣불리 한반도를 침략할 수 없었을 테니, 한반도는 한동안 신라, 고구려에 의해 평화가 이루어졌을 거예요.

김딴지 변호사　　결국 고구려가 동맹을 거절함으로써 신라는 할 수 없이 당나라와 손을 잡아야 했고, 따라서 만주 지역을 당나라에게 빼앗길 수밖에 없었던 것이군요?

김춘추　　바로 그렇죠. 신라는 고구려와 백제의 압박을 혼자서는 견딜 수 없었기 때문에 할 수 없이 당나라와 동맹을 맺었지만, 고구려와 동맹을 맺는 것이 더 바람직했을 거라고 늘 생각했습니다.

김딴지 변호사　　피고가 좀 더 현명했더라면 고구려도 당나라와 신라를 앞뒤로 상대하지 않아도 되었을 것이고, 우리 민족의 터전을 넓게 유지할 수 있는 기회를 가질 수 있었겠군요. 참, 한 사람의 무능한 지도자가 이렇게까지 나라를 망치고 민족에 해를 끼치나 봅니다. 귀중한 증언에 감사드립니다.

김춘추　　네, 나도 감사합니다.

판사   피고 측은 반론을 제기하겠습니까?

이대로 변호사   네, 몇 미디 여쭤어 보겠습니다. 그레도 되겠지요,
증인?

김춘추   네, 물론이죠.

이대로 변호사   방금 증언에 따르면 증인은 진심으로 나당 동맹이
아닌 나려 동맹을 원했으나 피고가 괜한 반대를 해서 무산되었다는
건데요. 저는 피고가 이른바 나려 동맹을 받아들일 수 없었던 이유
가 적어도 세 가지는 있었다고 생각합니다.

김춘추   저런, 어째서 그런 생각을 하게 되었는지요?

이대로 변호사   첫째, 신라는 648년에 정식으로 당나라와 동맹을
맺었다지만 사실 그 전부터 당나라와 가까운 사이였습니다. ▶당나
라 태종은 고구려가 신라를 공격하지 말라는 '명령'을 듣지 않았다
는 이유로 고구려를 침공하기도 했으니까요. 따라서 그 당시 신라와
동맹을 맺는다는 건 곧 당나라의 지배를 받게 된다는 의미였지요.

김춘추   흠.

이대로 변호사   두 번째 이유로, 만약 고구려가 신라와 동맹을 맺었
다면 증인이 생각한 대로 고구려와 신라가 손잡고 백제를
공격하게 되었을 겁니다. 그런데 백제는 결코 만만한 나라
가 아닙니다. 멸망시키려면 고구려의 국력을 온통 기울였
어야 했고, 만약 그때 당나라가 뒤에서 공격이라도 한다면
꼼짝없이 당할 것이 불 보듯 뻔했습니다.

김춘추   흠······.

이대로 변호사   그리고 세 번째, 이것이 가장 중요한 이유인데요, 바로 동맹국으로서 신라를 믿을 수 없었다는 것입니다!

김춘추   아니, 대체 왜 그런 말을 하지요? 좀 불쾌하군요.

이대로 변호사   몰라서 물으십니까? 과거 신라의 진흥왕이 어떻게 했습니까? ▶함께 손잡고 고구려를 물리치기로 백제의 성왕과 철석같이 약속해 놓고, 막상 고구려를 물리치자 백제 몫이던 한강 유역을 가로채 버리지 않았습니까? 분노한 성왕은 신라를 공격하다가 한 맺힌 죽음을 맞이했고요. 그런 나라를 어떻게 믿고 동맹을 맺겠습니까? 당장 증인만 보더라도, 신라로 보내 주면 땅을 돌려주겠다고 거짓말을 해서 위기를 모면하지 않았습니까! 그리고 그게 무슨 자랑이나 되는 듯이 얘기하고 있지 않습니까?

김춘추   으으음…….

이대로 변호사   그러면 증인, 증인은 '신라가 당나라와 손잡고 민족을 배반했다', '광활한 만주 땅을 중국에 팔아먹었다'는 식의 주장에 대해 어떻게 생각하십니까?

김춘추   그런 질문이 나오려니 했습니다. 근본적으로 그 시대에 민족이라는 말을 꺼내는 것은 무리가 있습니다. 우선 신라가 살아야 했고, 그러기 위해서는 당나라든 어디든 필요하면 손잡아야 했습니다. 백제는 일본과 손잡았고 고구려는 돌궐과 짝이 되었는데, 왜 신라만 민족을 팔아먹었다는 말을 들어야 할까요? 민족이란 우리 신라가 삼국을 통일하고 나서 비로소 생긴 개념이지, 그 전까지는 고구려나 백

교과서에는

▶ 백제의 성왕은 신라와 연합하여 한강 유역을 일부 차지했지만 곧 신라에게 빼앗겼어요. 그리고 신라를 공격하다가 관산성에서 전사했습니다.

제는 단지 이웃한 나라일 뿐, 한 민족 한 핏줄, 이런 게 아니었습니다.

이대로 변호사   말씀 한번 잘하셨습니다. 그것으로 증인이 이끼 힌 말이 빈말이었다는 게 확실해졌군요.

김춘추   네…… 네?

김딴지 변호사   이 변호사, 대체 지금 무슨 엉뚱한 말을 하는 겁니까?

이대로 변호사   아까 증인이 고구려와 동맹을 맺지 못한 것이 늘 아쉬웠다고 하지 않았나요? 그런데 민족이라는 문제를 생각하지 않으면 나당 동맹이 나려 동맹보다 신라에는 백배 유리합니다. 고구려와 동맹하여 백제를 멸했으면 신라는 백제의 반쪽만 겨우 차지하고 말았을 텐데, 당나라와 동맹하여 백제와 고구려를 멸했으므로 백제의 전부와 고구려의 일부를 차지한 것 아닙니까?

이대로 변호사의 말에 김춘추는 당황스러운 표정을 지었다.

이대로 변호사   하긴 당나라와 나눠 가진 고구려 땅은 그야말로 아주 일부에 불과하니까 통일이라는 말도 좀 우스운 데가 없지 않지만, 어쨌든 신라는 삼국을 통일했다고 으스댈 수도 있게 되었고 말입니다. 그러므로 증인은 틀림없이 나당 동맹을 염원했을 것입니다. 그런데 나려 동맹을 더 바랐다느니, 피고가 어리석어서 기회를 놓쳤느니 하며 엉뚱한 쪽에 책임을 지우고 있으니 정말 가소롭지 않습니까?

김춘추   만약 그렇다면 내가 왜 당나라보다 고구려에 먼저 갔겠습니까?

이대로 변호사   처음 증인이 고구려에 갔을 때 고구려에서는 동맹을 맺으러 왔다는 증인의 말을 믿지 않고 고구려의 상황을 살피러 온 것이라고 의심했다지요. 그 의심이 맞았다는 게 내 생각입니다. 고구려와 백제를 이간질시키려는 뜻도 어느 정도 있었겠고 말이죠.

김딴지 변호사   이의 있습니다! 피고 측은 지금 순전히 억측에 의존한 주장을 거듭하고 있습니다.

판사   인정합니다. 피고 측은 확실한 근거가 있는 이야기만 해 주세요.

이대로 변호사　저는 제 생각이 옳다고 믿습니다만, 그렇다면 이만 하겠습니다.

　　얼굴이 붉어진 김춘추가 뭔가 중얼거리면서 퇴장했고, 판사는 어수선해진 법정 분위기를 가라앉힌 뒤 양측 변호인을 불러 뭔가 귀엣말을 나눴다.

판사　오늘 재판에서는 많은 이야기를 했습니다. 피고가 정권을 잡은 뒤 어떤 행동을 했으며 그것을 어떻게 평가해야 하는지가 이번 재판의 주된 내용이었습니다. 다음 재판에서는 좀 더 넓은 역사적 맥락에서 이 사건을 살펴보기로 하겠습니다.

　　땅, 땅, 땅!

다알지 기자

　　영류왕과 연개소문 장군의 두 번째 재판이 열리는 이곳은 재판을 보러 온 사람들로 가득 차 발 디딜 틈조차 없는데요. 오늘 재판에선 양측 증인들이 특히 화려했습니다. 고구려 광개토 대왕에 신라 태종 무열왕, 게다가 당나라 태종까지 나왔지요. 안시성 싸움을 승리로 이끈 양만춘 장군도 증인으로 나왔습니다. 원고 측은 오늘 재판에서 피고인 연개소문이 독재자였다고 주장했고요, 당나라와의 싸움에서도 양만춘 장군에 비해 연개소문이 실제로 한 역할이 없었다는 것을 강조했지요. 반면 피고 측은 연개소문이 독재를 했던 것은 어쩔 수 없는 당시의 상황 때문이었다고 말했지요. 그리고 연개소문이 당나라 수군을 무찔렀던 증거를 내세워 원고 측의 주장을 반박했습니다. 한편 오늘 재판에서는 신라와 당나라의 동맹이 논쟁이 되기도 했지요. 오늘 재판과 관련해 양측 변호사를 인터뷰하겠습니다.

김딴지 변호사

　연개소문은 명백한 독재자입니다. 지방 분권 제도를 없앤 것도 모자라 25년간 전쟁을 계속해서 백성을 고통에 빠뜨렸지요. 그리고 사실 당나라를 물리친 것도 연개소문이 잘 싸워서가 아니에요. 당나라 태종의 증언으로 드러났듯이 당나라가 물러난 것은 다 안시성 성주인 양만춘 장군이 잘 싸웠기 때문이지요. 애초에 연개소문이 영류왕을 시해하지 않았다면 당나라가 이를 바로잡겠다는 명분으로 고구려를 공격하지도 않았을 거고요. 동맹을 맺자는 김춘추의 제안을 거절한 것도 바로 연개소문 아닙니까? 그때 신라와 고구려가 동맹만 맺었어도……. 아무튼 피고가 잘못한 것이 한둘이 아니라는 게 오늘 법정에서 속 시원하게 드러났다고 봅니다.

이대로 변호사

　　　　　　　　　　　김 변호사는 자꾸 연개소문 장군이 독재자
　　　　　　　　　라고 하지만 그건 당시 정치 상황에서 어쩔 수
　　　　　　　없는 선택이었어요. 그리고 연개소문 장군이 당나
라 수군을 공격해서 식량을 모두 없애지 않았다면 안시성에서 어찌 고
구려가 승리할 수 있었겠습니까? 당나라가 고구려를 공격하면서 연개
소문 장군이 영류왕을 시해한 것을 명분으로 내세우긴 했지만, 그건
말 그대로 명분일 뿐이에요. 당나라는 고구려가 북방 민족들과 연합하
여 자신을 공격할까 봐 늘 경계하고 있었답니다. 그러니 당나라와의
전쟁이 연개소문 장군 탓이라는 주장은 억지 중의 억지라고 할 수 있
어요. 김춘추의 제안만 해도 그렇습니다. 배신을 밥 먹듯이 하는 신라
를 어떻게 믿고 동맹을 맺습니까? 아무리 원고 측이 애를 써도 연개소
문 장군이 영웅이라는 사실은 변함이 없어요. 에헴.

고구려 유물과
벽화를 알아볼까요?

암문 토기

고구려 시대에 만들어진 것으로 추측되는 이 항아리는 평양에서 출토
되었습니다. 고운 흙으로 만들어졌으며 표면은 어두운 회색을 띠고 있
지요. 기다란 몸통에는 비스듬한 문살 무늬의 암문이 있고 목이 짧은 것
이 특징입니다. 여기서 '암문'이란 토기 표면을 문질러서 무늬 효과를
낸 것을 말하지요.

호우명 청동합

경상북도 경주에 있는 호우총에서 출토된 것으로 '호우명 그릇' 또는
'광개토왕명 호우'라고도 불립니다. 청동으로 만들어졌으며 뚜껑이 달
린 합의 형태를 띠고 있지요. 그릇 밑받침에는 '을묘년국강상광개토지
호태왕호우십(乙卯年國岡上廣開土地好太王壺杅十)'이라고 새겨져 있습니
다. 여기서 '을묘년'은 광개토 대왕이 죽은 후 3년째가 되는 해로, 이 유
물이 고구려 때의 공예품이라는 것을 보여 줍니다. 또한 고구려 왕인 광
개토 대왕의 공적을 기리기 위해 만들어진 것을 알 수 있지요.

사신도

청룡

백호

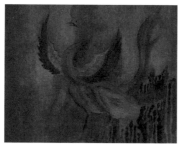
주작

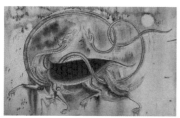
현무

'무용총'의 무덤 벽화로 잘 알려진 고구려의 무덤 벽화는 단순한 무덤 내부 장식 예술이 아닙니다. 사냥과 같은 생활 풍속은 물론 사신 등이 그려져 당시 고구려인의 생활이나 생각을 알아볼 수 있는 귀중한 유물이지요. 특히 청룡, 백호, 주작, 현무가 그려져 있어 '사신도'라 불리는 무덤 벽화는 독특하고도 보존 가치가 높은 유물입니다. 사신도는 동서남북 4개의 방위를 맡은 신을 그린 그림이지요.

청룡 푸른 용을 그린 것으로 몸에 뱀의 비늘 무늬를 넣었고 눈은 부리부리합니다. 또 머리엔 뿔이 돋았고 화염을 뿜고 있습니다. 동쪽 방위를 지키는 신령을 상징합니다.

백호 서쪽 방위를 지키는 신령을 상징하며 흰색 호랑이로 형상화하였습니다.

주작 붉은 봉황의 모습으로, 남쪽 방위를 지키는 신령을 상징합니다. 봉황은 중국 전설에 나오는 상상의 새로 상서로움을 뜻하지요.

현무 거북의 몸에 뱀의 목을 가진 모습으로, 실존하는 동물로 구성된 것이 특징입니다. 목이 매우 길어 꼬여 있는 형태인 것도 있습니다. 북쪽 방위를 지키는 신령을 상징합니다.

출처: 국립중앙박물관 도록

왜 고구려가 삼국을 통일하지 못했을까?

1. 연개소문은 영웅이었을까?
2. 고구려는 왜 멸망했을까?

1

연개소문은
영웅이었을까?

판사   자, 오늘도 소란스러움 없이 훌륭하게, 그러면서도 한 점 의혹도 없이 재판을 잘 진행해 봅시다. 오늘은 피고 연개소문의 행동을 보다 넓은 관점, 즉 세계사적 관점에서 살펴보려 합니다. 그리고 피고가 세상을 떠난 이후, 즉 고구려가 멸망하고 삼국이 통일되는 역사에 피고가 어떤 영향을 미쳤으며 어떤 책임을 져야 하는지 알아볼 예정입니다. 그러면 어느 쪽부터 시작하겠습니까?

이대로 변호사   제가 먼저 하겠습니다. 김 변호사, 그래도 되겠지요?

김딴지 변호사   마음대로 하시지요. 처음이든 나중이든 옳고 그른 게 바뀌지는 않으니까요.

이대로 변호사   그럼 저부터 하겠습니다. 어흠, 어흠! 이제까지 1차, 2차 재판에서 주로 우리나라의 역사적 인물들을 증인석에 앉혔는데요. 이번에는 다른 시대, 먼 나라 사람을 한 분 모실까 합니다. 영국 청교도 혁명을 이끌었던 **호국경**, 올리버 크롬웰 장군입니다!

"크로멜? 크로멜이 누구야? 가가멜은 들어 봤어도……."
"글쎄, 먹는 건가?"
"먹는 거 맞아. 캐러멜이랑 말도 비슷하잖아."
"이그, 무식한 것들! 캐러멜이 아니라 올리버 크롬웰이라고! 입 다물고 보기나 해라."

크롬웰　굿모닝, 에브리바디? 솔직히 살아 있을 때는 코리아라는 나라가 어디 있는지도 몰랐어요. 그런데 죽어서 이렇게 여러분을 뵙게 되네요. 아무튼 반갑습니다.

판사　여기 배심원분들도 증인이 어디서 온 어떤 분인지 잘 모르니 일단 자기소개부터 간단히 해 주세요.

크롬웰　옛서! 나로 말할 것 같으면 이름은 올리버 크롬웰, 영국의 케임브리지에서 1599년에 태어나 1658년에 죽었습니다. 여기 오면서 찾아봤더니 여러분의 코리아에서는 그 기간 중 **병자호란**이라는 큰 전쟁이 있었다는군요. 내 인생의 중심도 큰 전쟁이었지요. 다른 나라의 침입으로 비롯된 전쟁이 아니라 우리 영국인들끼리 싸운 내전이었습니다. 신앙의 자유와 독재로부터 해방되기 위한 몸부림이었다고 할까요. ▶우리 청교도들은, 가톨릭교를 국민에게 강요하려

호국경
영국 혁명 정권의 최고 행정관으로 1653년부터 1659년까지 존재했습니다. 올리버 크롬웰이 초대 호국경으로 취임했어요.

병자호란
조선 인조 때 일어난 조선과 청나라의 전쟁입니다. 조선은 이 전쟁에서 청나라에 패함으로써 명나라와의 관계를 끊고 청나라에 복속하게 되었지요.

들고 의회의 권한을 무시한 채 모든 것을 제 마음대로 하려 들었던 찰스 1세라는 폭군에 맞서 무기를 들었습니다. 이거 참, 여기 법정에 와 보니 그때가 생각나는군요!

이대로 변호사　　두 차례나 전쟁을 치른 끝에 찰스 1세를 붙잡아 법정에 세운 사실을 말씀하시는 거군요.

크롬웰　　네. 찰스 1세는 사형 판결을 받았어요. 나는 그가 죽은 다음 왕이 되어 새로운 왕조를 세우라는 건의도 받았으나 단호히 물리치고 호국경 신분으로 약 10년 동안 영국을 이끌었습니다. 그동안 저는 썩어 빠진 왕정을 다시 세우려는 무리들과 싸우는 한편, 새로 출범한 공화국의 제도를 하나하나 만들어 갔습니다. 그러다가 병으로 죽어 저승에 오게 되었지요.

이대로 변호사　　말씀 고맙습니다. 아마 눈치가 빠른 분들은 소개만 듣고도 제가 왜 이분을 증인으로 모셨는지 짐작하실 것입니다. 썩어 빠진 왕정과의 싸움! 스스로 왕은 되지 않으면서 왕과 다름없는 권한을 이용해 이룩한 새로운 제도와 법률! 저는 크롬웰 장군이야말로 영국의 연개소문이라고 생각합니다.

크롬웰　　흐음, 코리아의 역사는 잘 모르는데…… 이 땅에도 왕정을 없애고 공화정을 세우려 싸운 민주주의자가 있었던 모양이죠?

이대로 변호사　　뭐…… 아무래도 완전히 똑같을 수는 없겠죠. 시대적인 차이도 있으니까요. 증인은 17세기 분이고 피고는 7세기 분, 1000년이나 차이가 나네요! 그러니까 당

시 민주주의 개념을 세우기란 아직 무리였지요.

크롬웰 흐음, 그런가요.

이대로 변호사 아무튼 영국도 상당히 오래된 왕조 국가이지요?

크롬웰 그렇죠. 잉글랜드니 스코틀랜드니 하는 말이 생길 때부터 쭉 왕이 있었으니까요. 다른 유럽 국가에 비해 왕권도 강한 편이어서, 중요한 정치 지도자는 오직 왕들뿐이었죠. 이 크롬웰이 나타나기 전까지는 말입니다! ▶그리고 그 전통이라는 게 참 질겨서, 내가 생전에 그리 애를 써서 공화정을 만들어 놓았는데 내가 죽고 얼마

지나지 않아 다시 왕정이 들어섰다지 뭡니까? 아직도 영국에는 왕이 있지요. 물론 지금의 왕은 이름뿐이고 권력은 국민이 뽑은 지도자에게 있다고 하지만요.

이대로 변호사　그렇게 왕정의 전통이 강한 곳에서 왕에게 반기를 들고 끝내 왕을 죽이기까지 하셨으니 반대가 심했겠군요.

크롬웰　아이고, 말하면 뭐합니까. 왕의 권력은 하늘이 내린 것인데 감히 어딜 덤비려 하느냐고 꾸짖는 멍청이들은 셀 수도 없었고, 심지어 우리 청교도 동지들 가운데서도 "왕의 주위를 둘러싼 간신배들만 처치하면 그만 아니냐", "굳이 왕까지 손을 대야 하느냐"며 나를 원망하는 사람이 적지 않았어요. 그럴 때마다 나는 외쳤죠. "이자의 머리에 왕관을 씌운 채로 그 머리를 베어 버려야 한다!"

원고석의 영류왕은 흠칫 놀라 자기도 모르게 목으로 손을 가져갔다.

이대로 변호사　그토록 왕정을 뒤엎는 일에 불굴의 투지를 보이신 까닭은 뭡니까?

크롬웰　내 생각은 그렇습니다. 왕이란 무엇이냐? 이게 당연히 뭔가 쓸모가 있어야 하는 거거든요. 왕이 쓸모 있으려면 국민을 잘 보살피고 국민을 위해 좋은 정치를 해야하겠죠. 그런데 찰스 1세는 그러지 않았어요. 막무가내로 왕권신수설만 내세웠죠. 나도 왕에게 충성하라는 교육을

교과서에는

▶ 올리버 크롬웰은 영국의 국력을 키웠지만 1653년에는 의회를 해산하고 호국경이 되어 독재 정치를 했지요. 그러자 국민의 불만이 커져서 그가 죽은 후에 왕정이 복고되었습니다.

받고 자랐습니다. 그러나 내가 우선적으로 충성할 대상은 왕이 아니라 영국이었고, 영국 국민이었습니다. 그래서 국가와 국민에게 해만 끼치는 왕을 옥좌에서 끌어내고 처형한 겁니다.

이대로 변호사 정말 훌륭한 생각입니다. 저도 모르게 박수가 나오는군요. 피고도 원고에게 반기를 들 때 같은 심정이었을 겁니다. 그만큼 왕에 맞선다는 부담감도 컸고 오해도 많이 받았을 거고요. 다만 피고는 증인과 달리 아직까지도 오해를 받고 있다는 게 문제죠. 마지막으로 한 가지만 묻겠습니다. 왕정을 타도하기까지 반대가 많았고 공화정을 세운 뒤에도 반대가 끊이지 않았다는데, 어떻게 끝까지 밀고 나갈 수 있었나요?

크롬웰 이거 참, 그것은 사실 얘기하기가 좀 어렵습니다. 자유와 민주를 위해 들고일어난 내가 결국에는 내 손으로 자유와 민주를 억압해야 했으니까요. 한 예로 끊임없이 반대만 일삼는 의회를 해산해 버렸습니다. 불온한 움직임을 보이는 지역의 자치 정부를 없애고 군사 정부를 세우기도 했지요. 하지만 후회는 없습니다. 그렇게 특단의 조치를 취하지 않고선 갓 태어난 공화정이 뿌리를 내릴 수 없었으니까요. 내가 죽은 후 왕정이 다시 돌아오기는 했어도, 내가 애쓴 덕분에 예전 같은 막무가내 왕정은 다시 나타나지 못했다고 생각합니다. 물론 독재자라는 비난이 있으나, 나는 나 자신만 당당하면 된다는 생각에서 살아서나 죽어서나 모든 비난을 기꺼이 감수하고 있습니다.

왕권신수설
왕의 권한은 하늘에서 왔으니 왕이 무얼 하든지 아무도 간섭할 수 없다는 논리이지요.

이대로 변호사　네! 바로 그 말씀을 듣고 싶었습니다. 여러분! 이것이 영웅의 길입니다. 영웅은 없었던 곳에 새로 길을 냅니다. 그리고 홀로 뚜벅뚜벅 걸어갑니다. 같은 시대를 사는 사람들은 그를 이해하지 못하고 의심하지만, 세월이 흐르면 그가 개척한 길이 새로운 역사의 길이었음을 알게 됩니다. 여기 계신 크롬웰 님도, 그리고 연개소문 님도 그런 영웅이었습니다. 우리는 그분들의 작은 잘잘못을 따질 것이 아니라, 그분들의 큰 발걸음을 본받고 제대로 평가해야 할 것입니다. 이상입니다.

판사　원고 측에서는 하실 말씀이 있나요?

김딴지 변호사　뭐, 별로 없지만 몇 마디만 해 보지요. 헬로, 미스터 크롬웰?

크롬웰　오, 당신은 원고 측 변호인?

김딴지 변호사　그렇습니다. 잘 모르는 사람의 증인으로 불려 나와서 욕보십니다.

크롬웰　괜찮습니다. 신경 쓰지 마세요.

김딴지 변호사　그래도 신경 쓸 건 써야겠죠? 증인은 잘 모르시겠지만, 저기 앉아 있는 피고 양반은 증인하고 비슷한 듯하면서도 사실 전혀 다르거든요.

크롬웰　그런가요? 어떻게 다르지요?

김딴지 변호사　증인은 왕을 죽이는 것이 아니라 왕정 자체를 죽이는 것, 그래서 공화정이라는 새로운 정치 체제를 세우는 게 목표였죠. 하지만 피고는 왕을 죽이는 것이 목표였고, 그것은 본인의 권력에 대한 욕심 때문이었어요.

이대로 변호사   이의 있습니다! 이제껏 재판 내용을 듣고도 아직도 그런 소리를 하다니요.

김딴지 변호사   뭐, 불만이라면 '자기가 살아남는 게 목표였다'로 표현을 바꾸지요. 영류왕에 의해 제거되기 전에 먼저 손을 쓴 쿠데타였다는 점은 피고 측에서도 인정했으니까요. 안 그렇습니까?

이대로 변호사   으음…….

크롬웰   그 말이 정말이라면 큰 뜻을 위해 모든 것을 바친 영웅이라고 보기에는 무리가 있군요.

김딴지 변호사   절대로 무리이지요. 그냥 정권 한번 잡아 봤을 뿐인데 때마침 당나라의 침공이 있었고, 민족의 영웅 비슷하게 포장될 수 있었던 것뿐입니다. 사실 그 침공도 피고 자신이 자초한 거지만요.

이대로 변호사   판사님!

판사   원고 측 변호인, 표현을 삼가기 바랍니다.

김딴지 변호사   네, 알겠습니다. 하지만 그러고 보면 닮은 점도 꽤 있어요. 제가 알기로 증인은 대책 없는 종말론자였습니다. 그렇죠?

크롬웰   오, 그건…….

김딴지 변호사   예수가 곧 세상에 다시 오셔서 최후의 심판을 하실 거라 철석같이 믿고 있었죠. 그때가 되기 전에 한시바삐 '잘못된 신앙'에 빠진 국민을 '참된 신앙'을 가진 당신네 청교도로 바꿔 놓으려고 했고, 그러려면 왕부터 없애야 한다고 믿은 거 아닙니까?

크롬웰   …….

김딴지 변호사　독재자들은 다 그렇지요. 자기 혼자 거룩한 줄 알고, 뭐든 자기 혼자 할 수 있는 줄 알아요. 그래서 조금이라도 의견이 다른 사람은 아예 입을 막아 버리는 거죠. 그러고 보면 정권의 마지막도 비슷하군요. 연개소문이 아들에게 정권을 물려줬듯 증인도 아들인 리처드에게 물려줬다가 얼마 못 가 쫄딱 망했다면서요?

크롬웰　……．

김딴지 변호사　뭐, 남의 나라 역사 재판에 와서 된통 당하는 것 같아 보기가 안쓰럽군요. 이만하겠습니다.

크롬웰은 들어올 때와는 다르게 낯빛이 어두워진 채 말없이 퇴장했다.

김딴지 변호사　이 변호사께서 아주 재미있는 증인을 불러 주셨으니, 저는 그보다 조금 더 재미있는 증인을 모셔 보겠습니다. 바로 미국의 대통령들이 어떻게 해서든 죽이고 싶어 했던 남자, 이라크의 사담 후세인입니다!

후세인　핫 둘! 핫 둘! 핫 둘! 헥헥헥……．

군복에 배낭까지 멘 사담 후세인이 뜀박질하며 나타나자 모두 놀라는 듯했다.

김딴지 변호사　어서 오십시오. 그런데 왜 그런 차림으로 나오셨나요?

후세인 헥헥, **비스밀라**. 힘들어 죽겠네! 내, 내가 죽은 지 일마 지나지 않아시요. 새내기 영혼이라고 해시 영혼 교육대에서 훈련받다가 뛰어와서 그렇습니다. 헥헥, 휴!

김딴지 변호사 하하, 그랬군요. 그러고 보니 여기 저승에 오신 게 2006년이었죠. 간단한 자기소개부터 부탁할까요?

후세인 네. 1937년 이라크의 티그리트에서 태어났고, 2006년에 미 제국주의자들의 덫에 걸려 엉터리 법정에서 사형 선고를 받고, 젠장! 그만 일생을 마쳤습니다. 1969년에 이라크 혁명을 성공시켰고, 1979년에 국민의 열화와 같은 지지 속에서 이라크 대통령이 되었지요. 이라크를 알라의 뜻에 따라 평화롭게 통치해 오다가 1990년 과 2003년에 가증스러운 미 제국주의자들의 침략을 받고 영웅적인 투쟁을 벌였으나 그만 패배하여 이 꼴이 되었습니다. 인샬라!

김딴지 변호사 흠, 알겠습니다. 왠지 좀 지나치게 자기중심적인 소개 같습니다만. 먼저 방금 이라크 혁명이라고 하셨는데, 구체적으로 어떤 내용이죠?

후세인 영국 제국주의자들의 꼭두각시였던 썩어 빠진 파이살 2세의 왕정을 타도하고 이라크 공화국을 수립한 영광스러운 혁명이었습니다.

김딴지 변호사 또 썩어 빠진 왕정 타도야, 또.

후세인 네?

김딴지 변호사 아무것도 아닙니다. 그 혁명으로 물러난 왕은 어떻게 되었나요?

비스밀라
'신의 이름으로'라는 뜻입니다. 이슬람교를 믿는 사람들은 이 '비스밀라'와 '신의 뜻대로'라는 뜻의 '인샬라'를 말버릇처럼 많이 쓴대요.

후세인　왕자, 공주 등과 함께 죽 세워 놓고는 한꺼번에 기관총으로 해치워 버렸죠.

김딴지 변호사　……인샬라.

후세인　아무튼 그 당시에 나는 최고 지도자는 아니었고, 또 다른 쿠데타를 거듭하고 때로는 감옥에 갇히는 경험을 거쳐 마침내 알라의 뜻에 따라 이라크를 통치하게 되었습니다.

김딴지 변호사　그러면 증인이 이라크를 통치할 때 통치 이념은 무엇이었죠?

후세인　이라크를 부강한 나라로 만들고, 제국주의자들의 음모에 맞서 아랍의 정신과 문화를 지키는 것이었습니다.

김딴지 변호사　그런데 증인은 증인이 말하는 제국주의와 한때 손을 잡지 않았던가요? 이란과의 전쟁은 거의 미국의 원조를 받아 치렀으니 말입니다.

후세인　에, 그건, 때로는 독을 약으로 써야 할 때도 있는 법이기 때문이죠.

김딴지 변호사　피고와 관련해서, 이런 '지도자' 유형의 첫 번째 특징입니다. 자기 권력을 강화하고 인기를 얻기 위해 강대국에 호전적인 태도를 취하지만, 기준이 제멋대로라는 것이죠. 연개소문 역시 당나라에 적대적인 입장을 취하면서도 사신을 보내 도교를 수입해 오고, 당나라 태종에게 뇌물로 백금을 바치기도 했습니다.

　증인은 집권 중에 이라크 내의 쿠르드 족에 대해 화학 무기까지 써 가며 대량 학살을 저질렀다고 하던데요.

후세인　국가의 질서를 무너뜨리려는 불순 세력에 대해 최고 지도자로서 해야 할 일을 했을 뿐입니다.

김딴지 변호사　두 번째 특징입니다. 국가를 다스리는 기본 수단으로 위협과 폭력을 사용하며, 그것은 전체를 위해 어쩔 수 없는 선택이었다는 식으로 합리화합니다.

마지막으로, 1990년에 쿠웨이트를 점령한 이래 미국을 비롯한 국제 사회에서 꾸준히 시달림을 받아 오셨는데요. 국제법을 무시하고 쿠웨이트를 정복하기로 결정한 것부터 문제였지요. 게다가 그 후에도 국제 사회의 사찰 요구에 불응하고, 툭하면 전쟁을 불사하겠다는 식으로 대응하셨고요. 끝내 전쟁으로 모든 것을 잃게 되었지요?

후세인　비스밀라! 나는 분명 증인으로 이 자리에 나온 건데, 이 재판은 갈수록 나를 피고로 앉혀 놓고 열린 제국주의자들의 사악한 재판을 닮아 가는군요. 대답하지요. 내 잘못은 없고 모조리 제국주의자들의 잘못입니다. 애당초 있지도 않은 대량 살상 무기를 내놓으라 하고 사찰에 응하라 하니 어쩌란 말입니까? 그리고 내 나라, 내 민족을 위협하는 적들 앞에서 마냥 흰 깃발만 흔들고 있으란 말입니까?

김딴지 변호사　세 번째 특징, 잘 보셨죠? 대화로 해결할 수 있는 문제도 개인적인 고집 때문에 전쟁으로 이어지게 만든다는 거죠. 당나라, 신라와의 관계에서 연개소문이 취한 태도를 생각해 보시면 공통점이 보이실 겁니다.

후세인　나 이런! 어이가 없어서!

김딴지 변호사　이상으로 질문을 마칩니다. 얼른 돌아가서 마저 훈련받으세요. 인샬라!

판사　피고 측은 증인에게 질문할 것이 있습니까?

이대로 변호사　없습니다. 애초에 저런 독재자와 우리 피고를 비교하는 것 자체가 말도 안 되지요. 원고 측 변호인이 내세우는 이른바 세 가지 공통점이란 죄다 억지예요. 이 재판 과정을 꼼꼼히 지켜보신 분이면 모두 제 말에 동의하실 겁니다.

후세인은 독재자라는 말까지 듣자 벌떡 일어서서 난동을 부리다가 법정 경위들에게 잡혀 발버둥지며 끌려 나갔다.

2 고구려는
왜 멸망했을까?

판사   슬슬 이번 재판의 마지막 단계로 넘어갈 때가 된 것 같습니다. 바로 '고구려의 멸망에 연개소문은 어떤 책임이 있는가'입니다. 원고 측 변호인, 증인을 부르시겠습니까?

김딴지 변호사   아뇨. 마지막으로 피고와 직접 이야기를 해 보고 싶습니다.

김딴지 변호사가 도전적인 눈빛으로 피고석 쪽을 보았지만 연개소문은 담담하기만 했다.

김딴지 변호사   피고는 방금 판사님 말씀에 대해 어떻게 생각하시는지요?

연개소문　　흠, 무슨 말씀을 하셨죠?

김딴지 변호사　　"고구려의 멸망에 연개소문은 어떤 책임이 있는가"라는 말씀 말입니다.

연개소문　　아아, 그거요. 하도 말 같지 않아서 그만 흘려듣고 말았네요.

김딴지 변호사　　뭐라고요?

연개소문　　하하. 화는 내지 마시고요. 그럼 김 변호사님은 내가 고구려의 멸망에 도대체 무슨 책임이 있다는 겁니까? 나는 평생 고구려를 위해 노력했고, 백발이 성성해도 전쟁터에 나가 앞장서서 싸웠습니다. 그리고 많은 승리를 거두었죠. 고구려 멸망은 내가 죽은 다음에 일어난 일인데 대체 날더러 뭘 책임지라는 것인지요?

김딴지 변호사　　책임이 있어도 아주 많이 있죠! 우선 무리하게 쿠데타를 일으켜 고구려의 전통을 엉망으로 만들고 정치 체제를 약하게 만든 점, 치르지 않아도 될 전쟁을 자초해서 고구려를 쇠약하게 만든 점. 그런데 이 두 가지는 앞서 많이 다루었으니, 마지막으로 한 가지를 더 짚고 넘어가야죠.

연개소문　　그게 뭡니까?

김딴지 변호사　　▶못난 아들들에게 지배권을 넘겨주어, 결국 형제들 간의 싸움 끝에 고구려가 허무하게 무너지도록 한 점!

　　고개를 꼿꼿이 세우고 김딴지 변호사를 노려보고 있던

교과서에는

▶ 연개소문이 죽은 후 고구려는 지배층의 권력 쟁탈 싸움으로 국론이 분열되었습니다. 더구나 정치적으로 불안하여 민심이 떠나고 있었지요. 결국 나당 연합군의 공격을 받아 668년에 멸망했습니다.

연개소문이 이 말을 듣자 처음으로 눈을 내리깔고 고개를 숙였다.

연개소문   그 점에 대해서는 정말 유감으로 생각합니다. 하지만 내가 설마 고구려를 망하게 하려고 일부러 그 애들에게 권력을 넘겨줬겠습니까? 특히 남생이 이 녀석은 아버지가 못한 일을 이루어 줄 거라고 철석같이 믿었는데, 그렇게 형편없을 줄이야……. 동생들과 권력 싸움을 벌인 것도 기가 막힌데, 달아나려면 백제나 돌궐로 달아나지 왜 아버지와 고구려의 원수인 당나라로 달아나서 고구려 침략의 앞잡이 노릇을 했는지. 고구려가 그놈 때문에 망한 날 나는 저승에서 대성통곡을 했습니다.

김딴지 변호사   그런 차원에서 생각할 게 아니죠. 왜 애초에 자식에게 권력을 넘겨줄 생각을 했느냐 말입니다. 고구려에 그렇게 사람이 없었나요? 양만춘 장군 같은 분도 있었고요. 그리고 방금 아들 남생을 비판하셨는데, 제가 보기에는 부전자전입니다. 피고의 아들들은 피고처럼 행동했을 뿐입니다.

연개소문   그건 또 무슨 말인지…….

김딴지 변호사   피고는 권력 투쟁을 하다가 불리할 것 같으니까 신하의 도리에 어긋나게 행동해서 스스로를 지키지 않았습니까? 그걸 보고 배운 남건, 남산은 형을 배신하고 죽이려 했으며, 형인 남생은 나라를 버리고 당나라에 항복해 나라를 팔아먹는 일에 앞장선 거죠. '사람의 도리고 뭐고 일단 나부터 살고 봐야 한다', 피고는 아들들에게 이렇게 모범을 보여 주신 것 아닙니까? 개같이 살아야 정승도 해

먹을 수 있다고요.

이대로 변호사　판사님! 원고 측의 인신공격이 도를 넘었습니다.

판사　일부 인정합니다. 원고 측은 표현을 자제해 주세요. 하지만 논점 자체는 정상적인 변론이라 할 수 있습니다.

김딴지 변호사　그런 점에서 저는 동방의 강국 고구려가 하필 피고를 만나는 바람에 몰락의 길로 접어들었다고 생각합니다.

연개소문　나는 내 양심과 영혼을 걸고 그 반대라고 말씀드릴 수 있습니다. 고구려는 오히려 나 때문에 간신히 지탱하다가, 내가 없어지자 망한 것입니다. 영류왕이 계속 왕의 자리에 있었다면 더 일

찍 망했겠지요. 망하지 않았더라도 당나라의 노예 국가로 구차하게 연명했을 거고요. 아들놈들 단속을 잘못한 건 분명 나의 실수이지만, 그 밖의 책임은 내가 질 까닭이 없습니다.

김딴지 변호사　그렇게 생각하시는 거야 자유니까 뭐라 할 수 없겠죠. 하지만 판사님과 배심원들의 생각도 과연 그럴까요? 이만 마치겠습니다.

판사　피고 측 변호인, 변론하겠습니까?

이대로 변호사　네. 그런데 저는 원고 측 변호인과 이야기를 나누고 싶습니다.

김딴지 변호사　저요? 이거 원, 쉴 틈을 안 주시는군요. 뭐, 여하튼 좋습니다.

이대로 변호사　김 변호사는 혹시 이런 생각을 해 본 적이 없습니까? '신라가 아니라 고구려가 삼국을 통일했으면 좋았을 텐데……' 하는 생각 말입니다.

김딴지 변호사는 눈을 가늘게 뜨고 잠시 생각에 잠겼다.

김딴지 변호사　네, 생각해 봤습니다. 그리고 지금도 그렇게 생각합니다. 신라가 통일함으로써 드넓은 만주 벌판이 우리의 영토에서 제외된 일을 안타깝게 여깁니다. 하지만!

이대로 변호사　하지만?

김딴지 변호사　그런 꿈을 좌절시킨 장본인이 바로 여기 앉아 있다고 생각합니다. 제가 삼국을 통일했으면 좋았겠다고 생각한 고구려는 광개토 대왕의 고구려입니다. 강하고 당당하고 중용과 관용을 아는 멋진 나라입니다. 연개소문의 고구려, 경직되고 편협하고 잔인하기만 한 고구려는 아니지요. 그런 고구려보다는 차라리 신라가 통일하는 게 나았다고 생각합니다.

이대로 변호사　　역시 잘 빠져나가시는군요. 하지만 제가 보기에는 고구려가 삼국을 통일하지 못하고 또 허무하게 멸망한 것은 피고의 책임이 아닙니다. 영류왕의 책임, 그리고 김춘추와 그 일당의 책임입니다.

김딴지 변호사　　재미있군요. 어떻게 그렇게 되지요?

이대로 변호사　　중국은 역사상 하나로 통일이 될 때마다 반드시 한반도로 손을 뻗쳐 왔습니다. 따라서 일단 굽히고 천천히 힘을 기르자는 원고의 전략은 말도 안 됩니다. 물론 고구려 혼자 힘으로 대륙의 공세를 언제까지나 버티기란 어려웠겠죠. 그러나 여기서 아쉬운 점이 신라의 태도입니다. 고구려는 그동안 한반도의 방패막이가 되어 대륙에서 불어오는 침략의 바람을 막아 주었습니다. 이런 까닭에 신라는 고마워서라도 고구려에게 힘을 보태고, 한민족이 하나로 똘똘 뭉쳐서 이민족의 침략에 맞서야 옳았습니다. 그런데 김춘추, 김유신 등이 이끄는 신라는 정반대로 침략자와 손을 잡고 고구려를 뒤에서 찌르는 쪽을 선택했습니다.

김딴지 변호사　　신라로서는 국익을 위해 그런 선택을 한 것입니다.

이대로 변호사　　하지만 그 결과, 만약 고구려가 삼국을 통일했다면 우리 민족이 얻을 수 있었을 혜택은 역사 속으로 영영 묻히고 말았습니다. 결국 말도 안 되는 전략으로 고구려의 바람막이 역할을 포기하려고 했던 원고가 가장 문제였습니다. 피고의 설득을 받아들였더라면 모두에게 좋았겠지만, 엉뚱한 고집을 부리며 피고를 없애려고 했습니다. 문제의 발단은 원고인 것입니다. 그리고 그다음으로 책임을 져야 할 사람들은 김춘추 등 신라의 지도자들입니다.

김딴지 변호사　　재미있네요. 그러면 이건 어떨까요? 저도 방금 고구려가 삼국을 통일했을 경우를 상상한다고 했지만 요즘은 조금 다르게 생각하기도 합니다. 우선 고구려는 철저한 무인 중심의 나라였고 전쟁으로 먹고사는 나라였다는 말은 들으셨을 겁니다. 그런 나라가 삼국을 통일하여 매일같이 국민을 전쟁으로 들볶고 사회 전체에 군사 문화를 퍼뜨렸다면 과연 바람직했을까요?

이대로 변호사　　나 원 참, 고대의 위대한 국가치고 무를 존중하지 않은 나라가 어디 있답니까? 로마 제국은 어땠나요? 이슬람 제국은요? 물론 언제까지나 모든 것이 전쟁 중심이라면 좋은 나라라고 하기 어렵죠. 하지만 고구려에서 전쟁이 빈번하고 무예가 우선시되던 것은 초창기의 모습이고, 대제국이 되어 안정을 찾은 후에는 문화의 발전 역시 이에 걸맞게 이루어졌을 겁니다.

김딴지 변호사　　이렇게 한번 생각해 보죠. 고구려가 계속 팽창만 했다면 거란이나 여진처럼 중국 땅을 한 번쯤 거머쥐었을지도 모르지요. 그러나 그 나라들처럼 고구려도 결국은 중국이 거꾸로 삼켜버렸

을 수 있지 않겠어요? 고구려가 삼국 통일을 이루고 그 힘으로 다시 중국 땅을 넘보았을 때, 우리 민족 자체가 역사 속으로 사라졌을 가능성은 없을까요?

이대로 변호사　하하. 저는 우리 민족의 저력을 믿습니다. 만약 고구려가 삼국을 통일하고 동아시아도 통일했다면, 지금 지상 세계에서 한국이니 중국이니 하는 구분은 없었겠죠. 그래서 고구려의 좌절이 안타깝다는 겁니다! 그래서 피고인 연개소문 장군을 변호하지 않을 수 없다는 겁니다! 제가 하고 싶은 말은 이게 전부입니다.

방청석에서 우레와 같은 환호와 박수가 터져 나왔다. 이대로 변호사는 관객의 호응에 답하는 스타처럼 손을 들어 보이고, 김딴지 변호사와 영류왕은 초조한 얼굴로 서로를 바라보았다.

김딴지 변호사 그것 참. 피고 측 변호인은 가장 객관적이어야 할 법정에서 온통 '이랬을지 모른다', '아마 저랬을 것이다'라는 가설로 일관하고, 분명히 피고 개인을 재판하는 자리인데 괜한 민족주의를 끌어들여서 분위기를 이상하게 만들고 있군요. 좋습니다! 저도 이것으로 변론을 접겠습니다. 다만 한 가지, '아무리 꿈이 아름다워도 마지막에는 현실이 이긴다!' 그리고 '정의는 반드시 승리한다!'라는 말을 하고 싶군요.

판사 그러면 이것으로 마치기로 하죠. 양측 모두 수고하셨습니다. 잠깐 휴정한 뒤 원고와 피고의 최후 진술을 듣기로 하겠습니다.

왜 연개소문은 영류왕을 배반했을까?

고구려 멸망, 그 이후

25년간 고구려의 최고 권력자였던 연개소문이 사망한 후 그의 아들들 사이에 권력 다툼이 일어납니다. 두 동생에게 패해 쫓겨난 연남생은 당나라에 도움을 요청했고, 연개소문의 동생은 신라에 투항했습니다.

당나라는 이 기회를 놓치지 않았지요. 거침없이 고구려의 국경을 넘어 평양성을 공격해 당나라 군대를 이끈 사람은 다름 아닌 남생이었습니다. 고구려를 공격할 때마다 식량 보급에 어려움을 겪었던 당나라는 이번에는 신라에서 군량미를 보급받았습니다. 고구려 사람들은 평양성에서 나당 연합군에 대항하여 한 달을 버텼지만 668년 9월에 마침내 항복하고 말았지요.

고구려가 멸망한 후 고구려 사람들은 어떻게 되었을까요? 우선 고구려의 마지막 왕인 보장왕과 연개소문의 아들인 남건, 남산은 모두 당나라에서 살았습니다. 왕과 왕족들은 좋은 대접을 받았지만 늘 감시당해야 했죠. 보장왕도 처음에는 높은 벼슬을 받았지만, 고구려 부흥 운동을 하려던 것이 발각되어 유배를 가야 했습니다.

고구려의 백성은 당나라, 신라, 일본과 돌궐에 흩어졌습니다. 전쟁터에서 포로가 된 고구려 백성은 대부분 노비가 되어 비참한 삶을 살았지요. 옛 고구려 땅에 남아 있던 사람들은 고구려 부흥 운동을 일으키기도 했답니다. 검모잠과 고연무 등은 보장왕의 서자 안승을 추대하여 부흥 운동을 전개했지요. 이들은 한성(지금의 황해도 재령) 일대에서 당나라에 대항했습니다. 이후 이들은 신라와도 연합을 꾀했는데요. 670년에는 신라 군대와 함께 요동 지역으로 진격했으나 당나라 군대에 패하고 말았습니다. 이때 고구려 부흥군 내부에서 분열이 일어나 안승이 검모잠을 죽이는 일이 발생하기도 했지요. 이후 여러 차례 당나라에 대항했던 부흥군은 673년에 호로하 전투에서 패한 뒤 결국 신라로 들어갑니다. 신라는 이들을 지금의 익산 땅에 이주시켰다고 하지요.

왜 연개소문은 영류왕을 배반했을까?

다알지 기자

오늘로 연개소문과 영류왕의 재판이 모
두 끝났습니다. 오늘 펼쳐진 마지막 재판은 그
야말로 국제적인 재판이었습니다. 영국의 올리버
크롬웰과 이라크의 후세인이 증인으로 나왔으니 말입니다. 오늘 피고
측은 연개소문 장군을 올리버 크롬웰과 비교했는데요. 올리버 크롬웰
이 왕을 없애고 직접 나라를 통치한 것처럼 연개소문 장군도 고구려를
위해 영류왕을 시해하고 정권을 잡은 것이라고 주장했습니다. 반면 원
고 측은 후세인을 증인으로 내세워 연개소문 장군을 비판했지요. 그리
고 재판이 끝날 무렵에는 삼국 통일을 주제로 양측 변호인 사이에 불
꽃 튀는 논쟁이 벌어졌습니다. 그럼 이번 재판의 두 주인공을 직접 모
시고 이야기를 나눠 보겠습니다. 재판을 마친 소감이 어떠신지요?

영류왕

　　이번 재판을 통해 연개소문이 어떤 사람인지 밝혀진 것 같습니다. 우리 김딴지 변호사가 잘 설명했듯이 연개소문은 독재자가 분명합니다. 당나라에 대적하는가 싶더니만 느닷없이 도교를 수입해 오기도 하고, 고구려를 위협과 폭력으로 다스렸지요. 그것도 모자라 전쟁을 일삼으며 백성을 고통에 빠뜨렸습니다. 이런 연개소문을 영웅이라고 할 수 있을까요? 나는 아직도 연개소문이 나를 죽이던 일을 생각하면 분해서 잠이 오질 않아요. 이번 재판으로 부디 연개소문에 대한 평가가 다시 이루어지기를 바랍니다.

연개소문

　80여 년 만에 다시 법정에 서니 감회가 새
롭네요. 나를 이렇게 다시 법정에 세운 걸 보면
영류왕께서 억울한 게 참 많은가 봅니다. 그러나 나
는 나의 선택을 한번도 후회하지 않았습니다. 크롬웰이라는 양반처럼
나도 고구려를 제대로 통치하기 위해 정권을 잡은 것뿐이에요. 그런
나를 독재자로 모는 것은 너무하지요. 물론 내 아들 남생의 일은 나도
안타깝게 생각합니다. 생전에 실수한 것을 딱 한 가지 꼽으라면 바로
남생의 일일 거예요. 하지만 그렇다고 내 생애 전체를 잘못된 것으로
몰아가진 마십시오.

연개소문은 고구려의 멸망을
재촉한 독재자입니다
vs
나, 연개소문은 늘
고구려의 운명을 걱정했습니다

판사   양측 모두 휴식 시간 동안 생각을 정리해 보셨는지요? 최후 진술은 판결에 중요한 영향을 줄 수 있는 만큼 신중하게 발언해 주세요. 어느 쪽부터 하겠습니까?

영류왕   저부터 하겠습니다.

　존경하는 판사님, 배심원 여러분, 그리고 방청객 여러분! 나의 변호인은 이 재판이 시작될 때 '이 재판은 아무 쓸모 없는 재판'이라고 말했습니다. 그리고 그 생각에 나도 동의합니다. 피고 연개소문은 의리를 저버린 반역자이고, 잔인하게 사람들을 해친 살인자이기 때문이지요. 이 명백한 사실에 대해 여러 가지 변명이 오갔습니다만 모두 헛된 말장난일 뿐이었습니다. 오히려 분명해진 건, 그가 단지 배신자에 살인자일 뿐 아니라, 고구려의 체제를 뒤흔들고 피할 수 있었던 전쟁을 벌인 데다 자식들에게 정권을 물려줌으로써 결국 고구려의 멸망을 재족한 독재자라는 사실입니다.

이제는 냉정한 시각으로 역사를 되돌아봐야 할 때입니다. 그리고 거짓된 영광을 입고 있는 거짓된 인간의 허울을 벗겨야 할 때입니다. 우리의 자랑스러운 선조들, 참된 영웅들의 자리에 당치 않게 발을 디디고 있는 자를 끌어내려야 할 때입니다.

이제 연개소문을 심판합시다. 정의가 무엇인지 모두에게 들려줍시다. 배반은 사람의 도리가 아니라는 것을, 살인은 아무리 미화해도 살인일 뿐이라는 것을, 독재는 절대로 나라를 강하게 만들지 않으며 도리어 약하게 만든다는 것을 다시 한 번 확인합시다.

나의 변호를 맡은 김딴지 변호사와 재판이 엇나가지 않도록 잘 이끌어 주신 판사님께 감사드리며, 나 영류왕의 최후 진술을 마치겠습니다. 여러분 모두 감사합니다.

연개소문 여러분! 아까 김 변호사에게서 내 아들 남생에 대한 뼈아픈 지적을 듣고 휴식 시간 내내 곰곰이 생각해 보았습니다. '나는 분명 그 녀석을 훌륭한 재목이라고 생각했는데, 왜 그놈은 아비의 기대를 저버리고 추한 권력 다툼도 모자라서 민족의 반역자가 되고만 것일까?' 아직도 그 이유를 잘 모르겠습니다. 다만 아들들의 일이 크나큰 한으로 남을 뿐입니다.

내가 대막리지의 자리에 오른 이후 마지막 숨을 거둘 때까지 내 삶은 내 삶이 아니었습니다. 언제나 바람 앞의 촛불 같은 고구려의 운명에 대해 고심했고, 흰 수염을 휘날리며 직접 전쟁터에서 말 달

리고 활 쏘면서 고구려를 지키려고 죽을힘을 다했습니다. 이런 나의 충정을 알아주지 않는 친구와 동료들의 차디찬 눈초리, 그리고 또 다른 음모를 견뎌 내면서 나는 늘 괴로웠습니다. 늘 고독했습니다. 사리사욕을 생각했다면 꿈에라도 선택하지 않았을 길이 나의 길이 었습니다.

여러분, 나도 이 재판을 쓸모없다고 여깁니다. 왜냐하면 내 개인의 명예는 어찌 되든 아무 상관이 없기 때문입니다. 그런 것은 대막리지가 되는 순간 잊었습니다. 다만 내가 두려운 것은 이 고독한 길,

그 실상을 알면 아무도 가지 않으려 할 길을 그래도 누군가는 걸어야 한다는 사실입니다. 언제고 이 민족은 그런 길을 걸어야 하는 사람을 또다시 필요로 할 것입니다. 그런데 오늘의 재판이 내가 걸었던 길을 모욕하고 무시하는 결과로 끝난다면, 앞으로 그 길을 걸으려 하는 사람이 다시는 나오지 않을까 봐 나는 두려운 것입니다. 감사합니다.

판사　　그동안 모두들 정말 많이 수고해 주셨습니다. 이제 모든 재판 과정을 끝내고 역사의 심판을 내릴 때입니다. 서로 놓인 입장과 생각은 다르지만, 모두가 바라는 대로 이 민족의 역사가 바르게 기록되기를, 그리하여 더 밝은 내일을 기약할 수 있기를 바랍니다.

　땅, 땅, 땅!

역사공화국 한국사법정 재판 번호 09 영류왕 vs 연개소문

주문

연개소문의 쿠데타는 용납할 수 없는 범죄다. 그러나 그 쿠데타가 고구려를 구했는지 망하게 했는지는 한마디로 말할 수 없다.

또한 연개소문이 당나라와의 전쟁에서 공로를 세운 건 사실이나 아들들에게 권력을 물려준 일은 고구려의 멸망에 영향을 끼쳤다고 볼 수 있다.

판결 이유

첫째, 피고가 신하로서 왕인 원고를 배신하고 살해했다는 점은 명확한 사실로 인정된다. 쿠데타는 용납할 수 없는 범죄다. 둘째, 피고가 당나라에 대해 강경책을 씀으로써 고구려 멸망을 재촉했다는 고발에 대해서는 아직 확정 짓기 어렵다. 유화책을 썼다면 당나라가 당장 침공하지는 않았겠지만 언제까지 그랬을지 의문이다. 신라와의 동맹 기회를 피고가 저버렸다는 점 역시 증거 자료가 부족하므로 판단을 보류한다. 셋째, 피고의 집권 후 고구려가 분열되고 약해졌으며 자식들에게 권력을 넘겨줌으로써 고구려 멸망을 초래했다는 고발에 대해, 피고의 쿠데타와 집권을 계기로 고구려가 분열한 것은 사실로 보인다. 하지만

그 분열이 고구려를 얼마나 위기로 몰고 갔는지는 의문이다. 피고 생전에 고구려가 당나라의 공격을 잘 견뎌 낸 점을 볼 때 당나라와의 전쟁에서 피고의 공로를 인정해야 마땅할 것이다. 다만 피고의 아들들의 권력 다툼은 고구려 멸망과 직결된다고 판단된다. 결론적으로 피고는 쿠데타와 부적절한 권력 승계에 대해 명백한 잘못이 있되 그것이 불가피했을지 모른다는 가능성이 없지 않다. 따라서 피고를 '영웅의 마을'에서 추방하라는 원고 측 주장은 일단 유보한다. 한편 원고의 경우 쿠데타로 인한 명백한 피해자임이 인정되나 왕으로서 신하를 충분히 설득하지 못한 점 또한 인정된다.

그리하여 본 법정은 다음과 같이 판결한다. 당분간 두 사람은 지정 거처에서 함께 생활하고 대화하면서 마음속의 앙금을 풀고 서로를 이해할 기회를 갖도록 한다. 생각해 보면 두 사람이 서로 이해하지 못하고 대립함으로써 두 사람뿐 아니라 고구려에도 비극을 불러왔기 때문이다. 역사를 되돌릴 수는 없지만, 이 과정에서 두 사람이 대화를 통해 합의를 이룬다면 본 법정은 그 합의를 참작하여 최종 판결에 반영하겠다.

역사공화국 한국사법정 담당 판사 공정한

"왜 폐하와 나는 서로를
이해하려고 하지 않았을까요?"

여기는 다시 김딴지 변호사 사무실! 여전히 투덜거리면서 빗자루와 쓰레받기를 들고 사무실을 치우고 있는 사람은 우리의 김딴지 변호사다. 에그, 꽃병이 깨졌나 보다.

"쳇! 이번에도 통쾌하게 이기지 못했군. 이해가 안 돼. 분명히 우리가 이길 줄 알았는데……. 우리 손을 들어 주지 않을 거면 차라리 저쪽이라도 봐주든가. 화끈하게 결판이 나야 할 거 아냐, 응?

그러고 보면 우리 사무실도 뭔가 결판이 나야 하는데……. 전부터 계속 비서를 구하려고 했는데 바빠서 시간이 나야 말이지! 음, 그러니까 비서가 생겨야 시간이 나서 깨끗한 곳에서 신나게 일할 텐데 시간이 없으니 비서를 구할 수가 없다. 비서가 없으니 시간이 없다. 시간이 없으니 비서를 구할 수 없다……? 뭐가 뭔지 모르겠군! 확실한 건, 그동안 재판하느라 잠을 설쳐서 기지개 한 번 크게 켰더니 200년 전에 사다 둔 이 꽃병이 팔에 걸려 떨어졌다 이거지!

가만있자. 오늘 재판 결과 보고서 건네주려고 염라대왕 비서 아가씨가 온댔지? 그래, 기회야! 영웅이고 위인이고 벌벌 떠는 나의 이 뛰어난 말솜씨로 그녀를 설득해서 우리 사무실 비서로 앉히는 거야. 자, 잘해 보자, 김딴지!"

김딴지 변호사가 혼잣말을 하는데, 문이 열리며 귀여운 뿔이 머리에 일곱 개 돋아 있고 불쑥 튀어나온 송곳니가 매력적인 도깨비 아가씨가 들어온다.

"김 변호사님? 염라대왕 비서실에서 서류 가지고 왔습니다!"

"에그, 깜짝이야! 호랑이도, 아니 도깨비도 제 말 하면 온다더니만! 아, 어서 오세요. 어서요. 여기 앉으시고, 내 집처럼 편안히 하십시오. 그래, 재판 결과 서류죠? 어? 이 봉투는 뭐죠?"

"네, 김 변호사님께 온 편지입니다. 재판소에서 저희 쪽을 거쳐서 들어오게 되어 있어서요."

"내게 누가 편지를? 어, 이것 봐라? 연개소문, 그 인간이 보냈네?"

김딴지 변호사는 눈이 휘둥그레져서 봉투를 뜯고 편지를 읽기 시작했다.

　김딴지 변호사 님

　안녕하십니까? 연개소문입니다. 이번에 많이 배웠고 신세를 졌습니다. 물론 김 변호사님은 나와 반대편에 서 계셨습니다만 내게

에필로그　　● 155

개인적인 악감정이 있어서 그런 것은 아닐 테지요. 나도 아무 유감이 없습니다.

여기는 아시다시피 재판소에 딸려 있는 임시 구치소 같은 곳입니다. 말이 구치소이지 꽤 넓고 공기도 맑아서 지내기에 불편하지는 않지요. 영웅의 마을만큼 좋은 곳은 아니지만 패자의 마을보다야 훨씬 낫지요. 그래서 내색은 안 하지만 옆에 계시는 영류왕 폐하도 기분이 그리 나빠 보이지 않습니다. 아, 물론 나하고는 아직 한마디도 말씀을 안 나누시지만 말입니다. 그래도 처음보다는 같이 지내기가 껄끄럽지 않습니다.

이렇게 지내다 보니, "두 사람이 서로 이해하지 못하고 대립함으로써 두 사람뿐 아니라 고구려에도 비극을 불러왔다"고 하신 판사님 말씀을 이해할 수 있을 것 같습니다. 어려운 때일수록 힘을 모아야 하는데, 나와 의견이 다른 사람도 있을 수 있는데, 왜 우리는 서로 이해하려고 하지 않고 의심하며 해치려고만 했던 걸까요? 지금 와서 생각하니 내가 살아 있을 때 참 잘못한 것 같습니다.

하지만 그래도 모든 것이 내 잘못이었다고는 여기지 않습니다. 법정에서 말한 대로, 내 정책이 고구려를 위해 최선이었으며 영류왕 폐하는 그때 나라를 잘못 이끌었다고 생각합니다. 하기야 폐하도 정반대 의견을 굽히지 않으십니다만. 이렇게 고집스러운 점도 고구려 사람의 특징일까요?

아무튼 김 변호사님께 거듭 감사의 말씀 드립니다. 논리정연하면서도 핵심을 찌르는 김 변호사님의 주장, 멋졌습니다. 언젠가 우리 두 사람에게 다시 한 번 재판의 기회가 주어진다면, 그때는 네 번호를 부탁드려도 될까요? 하하하! 그럼 다시 뵐 때까지 안녕하시기를 바랍니다!

연개소문 드림

"흠. 포악무도한 인간인 줄로만 알았는데 괜찮은 구석도 있군. 이 김딴지의 진가를 알아보는 사람이라면 적어도 형편없는 사람은 아니지.

아이쿠, 이런! 아가씨, 도깨비 아가씨, 어디 갔지? 편지에 정신을 파는 사이에 그만 가 버렸구나! 쳇, 나는 또 한동안 비서 없이 살아야 하겠군. 연개소문 이 친구, 설마 이렇게 될 줄 알고 나를 골린 건 아니겠지? 하지만 어때. 비서 좀 없다고 이 김딴지가 어떻게 되지는 않아. 그리고 나의 날카로운 딴죽을 막아 낼 영웅도 없다고. 자, 그럼 다음 재판에서는 기필코 이기도록, 파이팅이다!"

고구려의 유물을 볼 수 있는
국립중앙박물관

　서울 지하철 4호선 이촌역 인근에 있는 국립중앙박물관은 대한제국 당시 창경궁에서 개관되었던 '제실박물관'에서 시작되었습니다. 이후 1945년에 국립박물관으로 개관하였고, 1972년에는 국립중앙박물관으로 명칭을 바꾸면서 지금까지 이어져 오고 있지요.

　총 6개의 관과 50개의 실로 구성되어 있는데요. 1만 1000여 점의 유물을 전시하고 있는 상설 전시관은 무료로 관람할 수 있답니다. 1~3층이 상설 전시관으로, 1층에는 선사·고대관과 중·근세관, 2층에는 기증관과 서화관, 3층에는 조각·공예관과 아시아관이 있습니다. 이 중에서 구석기 시대부터 발해까지 10개의 전시실로 이루어진 선사·고대관에 가면 '고구려실'을 찾아볼 수 있습니다.

고구려실에서는 고구려의 위세품을 통해 고구려가 출현한 배경을 알아볼 수 있고, 고구려의 무덤을 통해 고구려인의 삶과 의식을 살펴볼 수 있습니다. 오랜 세월이 흘렀고 고구려인이 살던 땅에서 많이 멀어지기도 했지만 우리 민족의 역사임에 틀림없는 고구려의 역사를 직접 만나볼 수 있답니다.

찾아가기 **주소**   서울시 용산구 서빙고로 137(용산동 6가 168-6)
        관람시간 월, 화, 목, 금요일 : 10:00~18:00
                  수, 토요일 : 10:00~21:00
                  일요일/공휴일 : 10:00~19:00 (1월 1일과 설날, 추석날 휴관)
        문의   02) 2077-9000

국립중앙박물관 내부

『역사공화국 한국사법정 09 왜 연개소문은 영류왕을 배반했을까?』
와 관련한 논술 문제를 풀어 봅시다.

※ 다음 제시문을 읽고 물음에 답하시오.

(가) 호우명 그릇(사진)은 경주 호우총에서 발굴된 것입니다. 그릇
   밑바닥에 '광개토지호태왕'이라는 글씨가 새겨져 있는 것이 특
   징입니다.

(나) 광개토왕 10년에 교서를 내리시어 보병과 기병 5만 명을 보내
   어 신라를 도와주게 하였다. 남거성부터 신라성까지 왜가 가득
   하더니 왕의 군대가 이르자 왜적이 도망갔다.

   　　　　　　　　　　　　　　　　　　　　　　　- 광개토 대왕릉비 중에서

1. (가)와 (나)를 보고 알 수 있는 삼국 시대 각 나라의 관계와 교류에 대
   해 쓰시오.

※ 다음 제시문을 읽고 물음에 답하시오.

(가) 연개소문은 손님들이 오자 모두 죽이기를 100여 명이 넘게 하
    고, 궁중으로 달려 들어가 왕(영류왕)을 시해하여 구덩이에 버
    리고 왕제의 아들을 세워 왕으로 삼았습니다. 그리고 스스로 대
    막리지가 되니 그 벼슬이 당의 병부상서로서 중서령의 직을 겸
    한 것과 같았습니다. (……) 당태종은 연개소문이 왕을 시해하
    고 국정을 좌지우지한다는 말을 듣고 정벌하려 하였는데, "연개
    소문이 스스로 죄가 큰 것을 알고 대국의 토벌을 두려워하여 수
    비를 베풀고 있습니다"라는 보고를 받게 됩니다.

    － 『삼국사기』 중에서

(나) 연개소문은 고구려 900년 이래로 계속되어 온 전통적인 구제
도를 타파하여 정권을 통일하였고, 장수왕 이래 철석같이 굳어
온 서수남진(서쪽을 지키고 아래쪽으로 뻗어 나감) 정책을 변
경하여 남수서진(남쪽을 지키고 서쪽으로 뻗어 나감)의 정책을
세웠습니다. 그래서 국왕 이하 호족 수백 명을 죽여 자기의 독
무대를 만들고 서국 제왕 당태종을 격파하고 대륙 침략을 시도
했습니다.

－『조선 상고사』 중에서 －

2. (가)는 김부식이 쓴 『삼국사기』에 적힌 연개소문에 관한 내용이고,
(나)는 신채호가 쓴 『조선 상고사』에 적힌 연개소문에 관한 내용입니
다. (가)와 (나) 중 하나의 입장을 선택하여 연개소문을 비판하거나 옹
호하는 글을 쓰시오.

왜 연개소문은 영류왕을 배반했을까?

해답 1 (가)는 신라 시대 무덤인 경주 호우총에서 발굴된 '호우명 그 릇'이고 (나)는 '광개토 대왕릉비'의 내용 중 일부분입니다. 호우명 그릇에는 고구려 왕인 광개토 대왕에 대한 내용이 적혀 있고, 광개 토 대왕릉비에는 광개토 대왕이 신라를 도와주었다는 내용이 나와 있습니다. 이렇게 경주의 신라 무덤에서 호우명 그릇, 즉 '광개토왕 명 호우'가 출토되는가 하면 가야 무덤에서 고구려의 대표적 유물인 투구와 말 투구가 출토되는 것으로 보아 고구려가 새로운 문화를 이웃 나라인 신라, 가야, 백제 등에 적극적으로 전파한 것을 알 수 있습니다. 이런 고구려의 문화와 유물은 통일 신라와 발해 등으로 이어지게 되지요. 또한 이러한 영향은 군사적인 부분에도 큰 연관이 있음을 (나)를 보아서 잘 알 수 있습니다.

해답 2 연개소문에 대한 역사적 평가는 극과 극을 달립니다. (가)에 서와 같이 김부식은 『삼국사기』에서 연개소문을 왕을 죽인 역적이 자 고구려의 멸망을 초래한 장본인으로 기록합니다. 반면 (나)와 같 이 신채호는 『조선 상고사』에서 연개소문을 위대한 혁명가로 평가 하고 있지요.

　사실 연개소문의 역사적 선택은 옳은 것이 아니었다고 생각합니 다. 당시 고구려는 수나라와의 잦은 전쟁으로 국력이 많이 약해져 있었습니다. 그리고 백제와 신라를 계속 견제해야 하는 상황이기도 했지요. 이러한 때 왕을 시해하여 왕권을 흔든 행위는 바람직하지 않습니다. 흔들린 왕권으로 인하여 연개소문이 죽고 난 뒤 아들들 사이에서 내분이 일어났고, 이 내분이 결국 고구려를 멸망에 이르게 하였으니까요.

* 해답은 예시로 제시된 내용입니다.

역사공화국 한국사법정 09

왜 연개소문은 영류왕을 배반했을까?

ⓒ 함규진, 2010

초   판 1쇄 발행일 2010년 9월 30일
개정판 1쇄 발행일 2014년 4월 23일
개정판 7쇄 발행일 2022년 12월 1일

지은이   함규진
그린이   이경택
펴낸이   정은영

펴낸곳   (주)자음과모음
출판등록   2001년 11월 28일 제2001-000259호
주소   10881 경기도 파주시 회동길 325-20
전화   편집부 (02) 324-2347 경영지원부 (02) 325-6047
팩스   편집부 (02) 324-2348 경영지원부 (02) 2648-1311
이메일   jamoteen@jamobook.com

ISBN 978-89-544-2309-0 (44910)

개정판 + 신판

과학자가 들려주는 과학 이야기 (전 130권)

정안상 외 지음 | (주)자음과모음 | 이메일 oooorioo@jamobook.com

위대한 과학자들이 한국에 착륙했다!
어려운 이론이 쏙쏙 이해되는 신기한 과학수업,
〈과학자가 들려주는 과학 이야기〉 개정판과 신간 출시!

〈과학자가 들려주는 과학 이야기〉 시리즈는 어렵게만 느껴졌던 위대한 과학 이론을 최고의 과학자를 통해 쉽게 배울 수 있도록 했다. 또한 지적 호기심을 자극하는 흥미로운 실험과 이를 설명하는 이론들을 초등학교, 중학교 학생들의 눈높이에 맞춰 알기 쉽게 설명한 과학 이야기책이다.
특히 추가로 구성한 101~130권에는 청소년들이 좋아하는 동물 행동, 공룡, 식물, 인체 이야기와 최신 이론인 나노 기술, 뇌 과학 이야기 등을 넣어 교육 과정에서 배우고 있는 과학 분야뿐 아니라 최근의 과학 이론에 이르기까지 두루 배울 수 있도록 구성되어 있다.

★ 개정신판 이런 점이 달라졌다! ★

첫째, 기존의 책을 다시 한 번 재정리하여 독자들이 더 쉽게 이해할 수 있게 만들었다.
둘째, 각 수업마다 '만화로 본문 보기'를 두어 각 수업에서 배운 내용을 한 번 더 쉽게 정리하였다.
셋째, 꼭 알아야 할 어려운 용어는 '과학자의 비밀노트'에서 보충 설명하여 독자들의 이해를 도왔다.
넷째, '과학자 소개 · 과학 연대표 · 체크, 핵심과학 · 이슈, 현대 과학 · 찾아보기'로 구성된 부록을 제공하여 본문 주제와 관련한 다양한 지식을 습득할 수 있도록 하였다.
다섯째, 더욱 세련된 디자인과 일러스트로 독자들이 읽기 편하도록 만들었다.

철학자가 들려주는 철학 이야기 (전 100권)

서정욱 외 지음 | (주)자음과모음 | 이메일 soseries@jamobook.com

아이들의 눈높이에 맞춘 철학 동화!
책 읽는 재미와 철학 공부를 자연스럽게 연결한 놀라운 구성!

대부분의 독자들이 어렵게 느끼는 철학을 동화 형식을 이용해 읽기 쉽게 접근한 책이다. 우리의 삶과 세상, 인간관계에 대해 어려서부터 진지하게 느끼고 고민할 수 있도록, 해당 철학 사조와 철학자들의 사상을 최대한 풀어 썼다.

이 시리즈의 가장 큰 장점은 내용과 형식의 조화로, 아이들이 흔히 겪을 수 있는 일상사를 철학 이론으로 해석하고 재미있는 이야기로 담은 것이다. 또한 아이들의 눈높이에 맞는 쉽고 명쾌한 해설인 '철학 돋보기'를 덧붙였으며, 각 권마다 줄거리나 철학자의 사상을 상징적으로 표현한 삽화로 읽는 재미를 더한다. 철학 동화를 이끌어가는 주인공을 형상화하고 내용의 포인트를 상징적으로 표현한 삽화는 아이들의 눈을 즐겁게 만들어준다. 무엇보다 이 시리즈는 철학이 우리 생활 한가운데 들어와 있고, 일상이 곧 철학이라는 사실을 잘 보여준다. 무엇보다 자기 자신을 극복한다는 것, 인간을 사랑한다는 것, 진정한 인간이 된다는 것, 현실과 자기 자신을 긍정한다는 것 등의 의미를 아이들의 시선에서 풀어내고 있다.